Dériveurs
et catamarans

9er
L325
48

Dériveurs et catamarans

Wilfrid Schaeffer, Pierrick Garenne et Stéphane Cohen

Photographies de Pierrick Garenne

E/P/A
EDITIONS

LES PRODUITS
LAITIERS
SPIRIT OF THE OCEAN
Marinepool
VOILERIE LADONNANTE
SENSATIONS PURES
SENSATIONS PURES

DANS LA MÊME COLLECTION :

- *Escalade*
- *Escrime*
- *Parapente*
- *Planche à voile*
- *Plongée*
- *Roller*
- *Snowboard*
- *Surf*
- *VTT*

Direction de l'ouvrage :
JEAN-JACQUES BRISEBARRE

Responsable éditorial :
THOMAS BRISEBARRE

Conception graphique et mise en page :
RONAN GUENNOU

Secrétariat d'édition :
IRÈNE NOUAILHAC

Réalisation et production :
ARCHIPEL CONCEPT, Paris-Grignan

Sommaire

Préface

Lorsque l'on passe son enfance dans la région du bassin d'Arcachon, il est tout naturel de mettre un jour les pieds dans l'eau. J'avais douze ans quand mon père m'a offert un dériveur. Très vite, les sensations procurées par la navigation et la découverte des marins, toujours enclins à la bonne humeur, me firent aimer la voile.

De mes premières régates sur des 420 jusqu'aux compétitions « sérieuses » sur des 470, puis des 505, j'ai gardé le souvenir d'avoir éprouvé autant de plaisir qu'aujourd'hui, sur un huit-mètres, à lutter avec cinq hommes d'équipage contre une forte brise.

Le dériveur est le passage obligé pour affronter un jour la grande mer. Grâce à lui, j'ai appris les réglages, les gestes pratiques, les manœuvres. J'ai également conservé ce souci du détail, propre au pilotage des dériveurs et des catamarans, que l'on a tendance à oublier sur de plus grosses embarcations.

Mais la voile, c'est beaucoup plus que cela. C'est aussi prendre conscience de la nature qui nous entoure, et découvrir que les bateaux, même les plus petits, ont une âme. C'est accepter que l'on ne choisit pas cette passion étrange et magnifique, mais que c'est elle qui vous entraîne, si elle vous accepte, sur des routes d'écume et de vent, à la découverte de vous-même…

DENIS FRABEL

Le palmarès de Denis Frabel parle pour lui – deux fois champion de France et vice-champion d'Europe de Class 8, champion de France sur Bélouga, vainqueur de la course de l'EDHEC, cinq fois vainqueur de la semaine de La Rochelle comme du célèbre Spi Ouest-France…
Il a débuté sur des 420 avant de passer aux 470 et aux 505 (à droite).

505
FRA8491

1

L'univers de la voile sportive

L'appel de l'océan et du vent

Pour beaucoup, majoritairement ceux qui ne la pratiquent pas, la voile a l'odeur des vacances à la mer et évoque une flottille immobile aux voiles immaculées déchirant un beau ciel bleu d'été. Elle tient de la carte postale et de *Caroline à la plage*, elle remplit l'imaginaire des enfants et les albums photos des parents. Elle est belle, vue du bord… mais elle n'avance pas, zébrant les lignes de l'horizon à la vitesse d'un escargot.

Pour les autres, ceux qui la vivent et la voient de l'intérieur, la navigation à la voile prend souvent la forme d'une régate, le dimanche matin, où la sensation de vitesse augmente un peu plus à chaque risée, où le plan d'eau est l'enjeu d'une lutte stratégique permanente, où la moindre erreur de vigilance se compte en mètres et en secondes immédiatement perdus, de la baie des Sables d'Olonne aux lacs de Hambourg.

Un terrain de jeu sans limites

La voile est un sport mythique. Elle a ses gardiens du temple, les aventuriers de la haute mer, la vraie, celle qui se déchaîne, allant jusqu'à reprendre parfois les vies des idoles qu'elle a fait naître. Elle a ses héros aux destins légendaires – Moitessier, Tabarly, Colas, Riguidel, Poupon… –, ses records de traversée des océans les plus houleux, ses passages de caps à pile ou face – Horn, Bonne-Espérance… –, ses chiffres effrayants et envoûtants – quarantièmes rugissants, cinquantièmes hurlants… –, ses solitudes sans sommeil aux frontières de la passion et de la folie…

Mais pour la plupart des pratiquants, la voile est le plus souvent une promenade, un cabotage aussi contemplatif que sportif, où le temps gagné compte moins que le temps perdu à tirer des bords pour le plaisir… C'est une passion qui se nourrit de la découverte de criques inatteignables par la terre, d'îlots déserts aux rochers polis par les vents. La voile prend la forme de mini-croisières festives, ou bien de parcours aveugles à la recherche du bon réglage et des options idéales, lorsque la mer se « sent » comme une carte routière aux carrefours invisibles, aux raccourcis qui ne tiennent qu'à un souffle de vent… Le plus souvent libre, la voile fait aussi l'objet de compétitions acharnées, et le terrain de jeu peut être délimité aussi bien par des continents que par les bouées d'un simple parcours olympique.

La voile est un défi permanent à soi, aux autres aussi parfois, mais avant tout au vent. C'est le seul moyen de transport capable d'aller contre le vent tout en utilisant sa force, ce qui est proprement inimaginable sur terre – à part le char à voile ! – comme dans le ciel sans engin motorisé. De la même manière, elle permet de remonter des courants marins contraires, là où une simple coquille de noix se laisserait emporter vers un destin improbable.

Suspendu au trapèze au-dessus de l'eau, on sent du bout des pieds le bateau vivre et réagir aux moindres vaguelettes, aux moindres variations du vent.

Le dériveur, plus que tout autre type de bateau, permet d'acquérir rapidement les techniques de la voile en raison de son extrême sensibilité…

Le meilleur moyen d'apprendre

Étudier la pratique de la voile de façon didactique n'est pas le sujet de cet ouvrage. D'abord, il y a maintes façons de naviguer et chaque type de bateau, chaque plan d'eau ont leurs propres spécificités. Cet ouvrage n'est pas un cours de voile, mais un recueil de conseils et d'astuces pour optimiser les compétences du navigateur et les performances du bateau. À ce titre, les dériveurs et les catamarans sont à la voile ce que l'alphabet est à l'écriture : une base primordiale à partir de laquelle naît le savoir… et plus tard le savoir-faire.

Les dériveurs et les catamarans sont sans conteste le moyen le plus rapide d'apprendre, car leur extrême maniabilité accélère l'acquisition des techniques de navigation. Avec eux, on vire plus vite, et les manœuvres nécessitent une vigilance pointue et une réponse aux effets du vent en temps réel. De même, les péripéties de la navigation – chavirages, hommes à la mer… – permettent, dans des conditions « miniaturisées », de se préparer aux plus grands défis que ne tardera pas à vous imposer la mer lorsqu'elle vous aura définitivement attiré dans ses filets…

MIEJSCE NA TWOJĄ REK
PAWEŁ KACPROWSKI
SYDNEY 2000
PAWEŁ KUŹMICKI

La voile dite « sportive » n'est pas un passage obligé. Elle est une alternative pour ceux qui décideront un jour de vaincre autre chose que les seuls aléas du vent et de la houle. La compétition arrivera en son temps. Pour certains, elle risque d'annihiler les plaisirs procurés par la simple navigation. Pour les autres, elle se chargera d'affirmer l'esprit de conquête qui sommeille en chaque marin. Pour tous, elle permettra d'atteindre certaines limites à défaut de toucher des sommets. Il n'y a pire sensation que de voir son bateau filer et de se faire dépasser par un autre, comme une pauvre mobylette par une voiture. De fait, c'est un nouveau challenge qui s'offre à vous – battre un adversaire –, dont la finalité imperceptible au premier abord vous permettra de fil en aiguille de découvrir le potentiel conjugué du bateau et du navigateur que vous êtes.

Le plaisir de la compétition

C'est parfois dans l'urgence que s'affirment les grands marins; c'est aussi dans la parfaite connaissance du terrain et du matériel. Combien de fois n'avons-nous pas jalousé ces régatiers sur leur propre plan d'eau, « lisant » leur parcours comme dans un livre, s'éloignant de la meute des autres voiliers pour mieux agripper un couloir de vent et finalement couper la ligne d'arrivée avec plusieurs secondes ou minutes d'avance? Les fameuses « options », qui ont fait et défait les palmarès, ne deviennent un sixième sens que lorsqu'elles s'enrichissent d'années de pratique et d'observations. Les virements de bouées, lorsqu'ils s'apparentent à des halls de gare bondés de voyageurs, sont le seuil extrême de la compétition humaine. Les insultes y sont parfois présentes, mais vite ravalées dans le feu de l'action. Quoi qu'il en soit, la défaite en régate est un mot qui n'existe pas. L'esprit de compétition, naissant et évoluant au gré des victoires et des accessits, est l'unique moyen de conserver l'humilité qui prépare aux grandes revanches. Mais il demeure anecdotique en comparaison des plaisirs engendrés par certains choix, certaines sensations, certaines visions…

L'impression de vitesse est omniprésente sur un catamaran, où l'on se tient debout sur une coque. Mais même si la navigation sur catamaran peut s'avérer, à terme, plus technique que sur un dériveur, nombreux sont ceux qui découvrent les joies de la voile légère sur cet « engin de plage » qui leur semble plus stable et plus facile à maîtriser…

La transmission de l'expérience

La voile n'appartient pas aux seuls gens de mer, même si elle en fait ses compagnons privilégiés. Par ailleurs, on navigue tout aussi bien en Suisse qu'en Bretagne, et il n'est pas rare que nos meilleurs spécialistes soient parfois sévèrement ridiculisés par un équipage d'Europe centrale. Cela confirme que les lois de la mer sont impénétrables et qu'on peut y avoir usé ses fonds de ciré sans pour autant se réclamer de son héritage à chaque instant, quand bien même elle serait garante d'une certaine identité régionale. La voile a toujours préféré les pavillons aux bannières...

Dans la navigation, la technique et la préparation sont primordiales. Ces petits détails qui n'ont l'air de rien sont ceux qui bâtissent les meilleures réputations. Prévoir le vent, utiliser les courants, régler et équilibrer son bateau, optimiser le gréement... sont autant de données parfaitement arbitraires dont personne ne peut affirmer détenir les clés, mais que l'on peut raisonnablement améliorer en se fiant à son expérience et surtout à celle des autres. Car la culture du marin se transmet entre générations autant qu'elle s'acquiert par soi-même. Malheureusement, le remplacement progressif de la voile par le moteur empêche de plus en plus d'apprendre auprès des pêcheurs, ancienne source intarissable de renseignements aujourd'hui en voie de disparition.

Les matériaux et les jauges – les caractéristiques spécifiques à chaque modèle de bateau – sont les mêmes pour tous, à de rares exceptions près, au moment du coup de canon du départ. La différence dépendra de votre capacité à analyser et à dompter les facteurs météorologiques, et de la manière dont vous aurez préparé votre bateau pour qu'il affronte ces conditions particulières et toujours différentes...

Monocoque de la Coupe de l'America, trimaran 60 pieds Open des grandes courses transocéaniques... Tous les membres de ces équipages prestigieux ont commencé à naviguer sur des dériveurs et des catamarans. La maîtrise des techniques acquise sur les petits bateaux leur a permis de mieux appréhender les réactions des plus grands.

Les écoles de voile – dont Les Glénans sont le porte-drapeau – forment à ces techniques et sont une excellente entrée en matière pour qui veut un jour « toucher l'horizon ». Il ne sera donc pas question ici d'apprendre la pratique de la voile de A à Z. Des questions comme le « matelotage », qui est l'art de faire les nœuds et d'utiliser les cordages, sont passées sous silence à dessein. Notre souci est d'entretenir votre passion à défaut de l'éveiller, de vous apporter des connaissances acquises au gré des vents et des rencontres, de vous aider à perfectionner ce dont vous croyez déjà tirer le meilleur parti, de vous apprendre à aimer votre embarcation sur et en dehors de l'eau. Vous serez placé face à des situations réelles pour que, par la lecture du texte et l'observation de l'image, vous fassiez les bons gestes lors de vos prochaines mises à l'eau, voire de vos futurs exploits. C'est tout le mal que l'on vous souhaite – car on ne dit jamais « bonne chance » à un marin qui part tenter la sienne…

Le Code de la mer

La vitesse est une des plus belles sensations apportées par la voile. Lorsqu'on l'atteint, après l'avoir recherchée, elle devient grisante. Mais plus un bateau va vite, moins il est manœuvrable. L'inertie de la coque sur l'eau devient en effet de plus en plus importante, et cela peut poser des problèmes si, pour une raison ou pour une autre, vous devez vous arrêter. Il faut toujours pouvoir maîtriser son bateau à tout moment. Une erreur de manœuvre à grande vitesse peut rapidement transformer la balade en accident, voire en drame. Vous n'êtes pas seul sur l'eau, d'autres embarcations évoluent sur votre zone. Elles peuvent être plus ou moins rapides que vous, qu'elles soient à voile ou motorisées. Dans tous les cas, une réglementation existe afin de limiter les risques d'« abordage » – de collision entre bateaux –, comme pour le Code de la route.

Les règles de priorité

À l'approche d'un autre bateau, si celui-ci est motorisé, vous êtes dans tous les cas prioritaire. Mais assurez-vous qu'il vous a bien vu. En cas de doute, il faut que vous vous détourniez de votre route. Si vous croisez un bateau de fort tonnage faisant route dans un couloir de navigation, vous devez vous écarter.

Si vous croisez un autre voilier naviguant sous une amure – le côté d'où le bateau reçoit le vent – différente de la vôtre, c'est celui qui est sous bâbord amure qui doit changer de route. Si vous êtes sous la même allure, c'est le voilier le plus au vent qui doit se dérouter. Lorsque vous vous déroutez, essayez toujours de passer derrière l'autre. Et n'abusez en aucun cas des priorités, car le bateau que vous croisez n'est pas forcément en mesure de se dérouter – soit pour des raisons techniques, soit parce qu'il ne vous

Toutes les bouées ont une signification qu'il est essentiel de connaître. (Ci-dessus.)

Société nationale de sauvetage en mer. Des hommes bénévoles se tiennent en alerte toute l'année, 24 heures sur 24. (Ci-contre.)

Réglementation et priorité. Le bateau qui est sous tribord amure (qui a le vent venant sur son côté droit) est prioritaire. (À droite.)

a tout simplement pas vu. Enfin soyez courtois : la politesse entre marins est une loi universelle sur l'eau, de même que le devoir de porter assistance à un navigateur en danger.

Le balisage

La vitesse fait parfois oublier que l'on devra revenir sur terre à un moment ou à un autre! Gardez toujours à l'esprit votre retour et ne vous laissez pas griser par le vent et les sensations. On voit souvent chez les débutants un équipage s'éloigner vent arrière, l'euphorie dans les voiles, sans se soucier du louvoyage parfois compliqué qu'il leur faudra réaliser pour revenir au point de départ. Évaluez bien les distances et le temps nécessaire pour les parcourir afin d'être sûr de pouvoir rentrer à bon port rapidement et sans encombres.

Les dériveurs et les catamarans sont des bateaux avec lesquels vous n'êtes pas autorisé à trop vous éloigner des côtes. Votre zone de navigation se limite à une distance de deux milles nautiques d'un abri. Cela s'entend obligatoirement et uniquement pour une navigation de jour.

Sur l'eau comme sur la route, vous rencontrerez des balisages, sous la forme de signaux et de feux. Ils indiquent des zones de navigation autorisées, un danger isolé, un haut-fond, un chenal, une entrée de port, etc. Il est de votre devoir d'apprendre sur le bout des doigts ces symboles pour ne pas avoir à le regretter un jour. La navigation, comme la conduite, n'est pas innée. Certains seront plus doués que d'autres, mais tout navigateur doit, dans sa quête de vitesse, respecter son équipage, son bateau, les autres bateaux et le « Code de la mer ».

49er
FRA 109
49er

2

Les différents bateaux

Les dériveurs

Légers, robustes, faciles d'entretien et transportables sans logistique particulière, les dériveurs sont tout naturellement populaires en France et dans le monde. Il faut dire qu'ils offrent autant de sensations à la pratique en solitaire qu'à la navigation en équipage. Ils font partie des bateaux les mieux pensés, puisqu'un navigateur seul pourra les barrer, et qu'un équipage plus nombreux y trouvera son compte d'activités et de manœuvres. Ce n'est pas le moindre des paradoxes pour ces embarcations d'apparence « chétive » mais au potentiel formidable. Comme dirait un célèbre constructeur automobile, « elles ont tout d'une grande »... Et il ne serait pas faux d'affirmer qu'un navigateur rôdé à la pratique du dériveur barrerait sans encombres un voilier plus grand.

Des sensations rapides

Ceux qui veulent commencer la voile et évoluer sur leur propre bateau s'orienteront prudemment vers les dériveurs, aux sensations garanties pour un coût réduit. L'acquisition d'un dériveur n'est pas excessivement onéreuse et l'investissement sera assurément rentabilisé. L'entretien du dériveur n'est pas non plus une contrainte financière importante. Bien sûr, pour des navigateurs voulant régater sur des bateaux performants, l'addition peut vite se gonfler. Les dériveurs permettent d'apprendre et de comprendre la voile, de réussir à améliorer sa propre technique de « voileux », puis d'affronter le monde des régates et des raids. Ils peuvent être utilisés très simplement et, paradoxalement, requérir dans certaines conditions une maîtrise technique parfaite. Ce ne sont pas des jeux de plage car leur champ d'action peut rapidement s'ouvrir à la compétition. La plupart des grands navigateurs ont fait leurs armes sur ces insignifiantes petites coquilles de noix.

De haut en bas : Optimist, Finn et 470... Dériveurs en solitaire ou en double, ils permettent tous de découvrir et de comprendre les éléments avec lesquels le bateau évolue : le vent, la mer, la répartition des poids, les réglages... Ils sont l'école de la voile.

Leur utilisation simple permet au navigateur de mieux appréhender et comprendre les éléments avec lesquels le bateau évolue. Ainsi, il a tout loisir de développer son sens marin et de se retrouver en parfaite osmose avec la mer et le vent. Effectuer une balade sur ce type de bateau ne demande pas une organisation compliquée. Les dériveurs se préparent rapidement. Vite gréés, vite désarmés, ils assurent une grande partie de plaisir pour un minimum de préparatifs.

Les sensations de vitesse et de *planing*, comme en planche à voile, sont vite acquises et les émotions ressenties tiennent d'une journée de poudreuse en montagne. Rapide sous la plupart des allures, le dériveur offrira à son équipage de multiples émotions. De la petite virée sans beaucoup de vent où l'on aime à découvrir lentement une côte sauvage jusqu'à la course entre amis, contre le temps ou le reste du monde, votre cœur battra la chamade et vous vous surprendrez sûrement à pousser des cris de joie.

Des bateaux pour naviguer « fun »

Les dériveurs sont généralement des bateaux à fonds plats, pontés sur un tiers de la coque et gréés en sloop – c'est-à-dire qu'ils n'ont qu'un seul mât. Ils peuvent recevoir jusqu'à trois personnes. Leur gréement est composé de trois types de voiles : la grand-voile, le foc et, pour certaines catégories, le spinnaker, ou spi.

Ils sont faits de fibres classiques, en général en polyester ou polyéthylène – seules certaines unités, de type 505 ou Finn, sont encore en bois. Leur conception est simple et leur équipement minimal. Leur accastillage, basique, est dépourvu de gadgets et d'appareils superflus. Ce sont des bateaux ludiques qui nécessitent un certain équilibre. Ils virent facilement mais demandent une bonne coordination des équipiers en temps de régate.

Le mythique 420 a vingt ans ! Toujours d'actualité, il est l'un des bateaux formateurs incontournables pour qui veut connaître et découvrir les rudiments et les premières sensations de la navigation sur un dériveur en double.

De gauche à droite : Iso, Buzz, Philéas, trois représentants d'une nouvelle génération de dériveurs caractérisée par un bout-dehors, un spi asymétrique, une grand-voile lattée et une carène plus « planante ».

Ils sont équipés d'une dérive, c'est-à-dire d'un aileron amovible qui permet de garder le cap sous les effets latéraux du vent. Cette dérive peut être positionnée en partie basse ou être carrément enlevée pour naviguer plus rapidement à certaines allures et dans des eaux peu profondes.

Ce sont des bateaux légers non habitables, des « *day boats* » dont l'utilisation se fait sur une journée. Ils procurent un grand plaisir de navigation à condition de ne pas trop s'éloigner des côtes…

Les types de dériveurs sont bien sûr nombreux. De l'Optimist au 49er (Fourty-Niner) en passant par le Finn, le 470, le Philéas et bien d'autres encore, ils ont chacun des spécificités, des caractéristiques et des performances différentes. Mais la base reste identique. On utilisera donc ici le 420 comme référence pour les dériveurs classiques, et le Laser 4000 pour la nouvelle génération de dériveurs. Le 420, simple et performant, est un voilier léger aux allures sportives qui est idéal pour les promenades rapides comme pour les courses techniques. Le Laser 4000 est plus technique et destiné à des sorties plus sportives ; parmi les derniers nés des dériveurs, c'est le plus utilisé et le plus répandu.

Une nouvelle génération de dériveurs

Les nouveaux dériveurs ont « explosé » ces dernières années, au point d'attirer de plus en plus d'adeptes chez les amateurs de catamarans. Cette génération est un héritage des 18-pieds australiens (cinq équipiers, un barreur) que l'on peut voir chaque week-end dans la baie de Sydney. Répliques miniaturisées, les dériveurs de la nouvelle génération supportent des voiles plus grandes aux lattes forcées et aux forts ronds de chute. Du coup, là où il fallait attendre force 5 pour avoir des sensations en dériveur, on peut désormais « s'éclater » à force 3. Ce bouleversement n'est pas un hasard. Le gain de vitesse des dériveurs a considérablement augmenté, et leur pratique offre désormais autant de frissons qu'en catamaran. Cela tient à un certain nombre d'améliorations, pour ne pas dire de révolutions.

Tout d'abord, les coques sont beaucoup plus légères et plus plates sur l'arrière afin de mieux « planer » aux allures portantes. L'avant a des entrées d'eau très pincées et très fines. Le franc-bord – la partie émergente de la coque – est réduit ; le haut de la coque est

au ras de l'eau, ce qui confère plus de vitesse encore, mais aussi une certaine instabilité et une hypersensibilité de l'embarcation à la répartition des poids de l'équipage. Les erreurs se payent cher ! Enfin il n'y a généralement plus de tableau – la partie plate de la poupe – : l'arrière du bateau est ouvert pour permettre à l'eau embarquée de s'évacuer plus rapidement.

La généralisation des grand-voiles lattées a également révolutionné la pratique du dériveur. Les lattes, qui n'étaient placées qu'à certains endroits de la chute, sont aujourd'hui en plus grand nombre sur une même voile et prolongées jusqu'au mât. On les appelle « lattes forcées ». Elles servent à mieux tendre le tissu et à soutenir le rond de chute et le profil plus creux des grand-voiles, qui ont pris plus de surface grâce à cette astuce. Les déformations de la voile provoquées par le vent sont mieux contrôlées, elle ne faseye plus guère et son profil reste rigide.

L'apparition du « bout-dehors » a été une grande innovation. Cette pièce, qui est parfois en carbone, supprime le tangon des anciennes générations. Sur un dériveur, le bout-dehors peut être orientable – il est alors manœuvré depuis le cockpit –, mais il est toujours fixe sur un catamaran. Il porte un spi dit asymétrique, et permet d'effectuer des manœuvres désormais moins techniques mais plus rapides. Avec le spi asymétrique, seules sont permises les allures dites de largue, plus ou moins serré. Il faut proscrire le vent arrière, qui n'est pas une allure performante sur ces unités. Il est en effet plus rapide d'effectuer des

Laser 4000 (ci-contre) et 49er (à droite et double page suivante)... Toutes les générations ont leurs extrêmes ; ceux-ci en font partie, avec leurs échelles de trapèze, leurs grandes superficies de voiles et leurs carènes qui déjaugent au moindre souffle d'air. Les sensations sont garanties, mais la moindre erreur se paye par un dessalage immédiat !

bords de largue successifs pour rejoindre un point situé sous le vent que d'y aller en un seul bord de vent arrière.
Enfin les échelles de trapèze permettent au barreur et à l'équipier d'augmenter le couple de rappel du bateau. C'est un gain de vitesse, mais surtout des sensations nouvelles… Avec les échelles de trapèze, il est possible de compenser plus facilement l'augmentation de la superficie des voiles. Avant cette amélioration notable, l'équipier était au trapèze pendant que le barreur restait dans les sangles, les fesses en dehors du bateau. Aujourd'hui, équipier et barreur peuvent être de conserve suspendus au-dessus de l'eau à des vitesses surprenantes, grand-voile lattée haute, spi asymétrique bordé et foc débridé…

LES PRODUITS LAITIERS
Pascal LACOSTE/Gwenaël GBICK
ENSATIONS PURES
PRODUITS LAITIERS
LES PRODUITS LAITIERS

Le dériveur pièce par pièce

Voici les principales pièces qui composent un dériveur. Au fur et à mesure de votre pratique, rien ne vous empêchera d'optimiser votre embarcation et de l'agrémenter d'un accastillage approprié pour rendre vos périples encore plus « fun » ou performants…

La coque

La coque forme le corps du bateau. Elle se divise en deux parties : les œuvres vives (la partie sous l'eau) et les œuvres mortes (la partie émergée). Sa fonction principale est bien entendu de flotter, ce qui ne signifie pas qu'elle est insubmersible. La coque offre une résistance à l'eau par frottements ainsi qu'une résistance résiduelle liée aux dépressions créées par les formes et les surfaces immergées. Renforcée dans les endroits où ses efforts sont les plus grands, elle soutient le cockpit, la partie où les équipiers évoluent. Elle est équipée de sangles qui permettent aux équipiers de se mettre au rappel, c'est-à-dire de faire contrepoids par rapport à la voile. On peut y trouver aussi des bouchons autovideurs qui facilitent l'évacuation de l'eau lorsque le bateau avance.

Le cockpit
Le cockpit est la partie du bateau dans laquelle évoluent l'équipier et le barreur. C'est depuis le cockpit que sont opérés les réglages et les manœuvres.

Le puits de dérive et la dérive

Le puits de dérive est la cavité située dans la coque qui permet de mettre en place et de fixer la dérive par l'intérieur du bateau.
La dérive est l'aileron central, généralement amovible, grâce auquel le bateau garde son cap sous les effets latéraux du vent. La dérive, qui peut être relevée dans une zone de hauts fonds, permet par ailleurs d'assurer l'équilibre à la contre-gîte du bateau. Elle est soit « sabre », c'est-à-dire qu'elle s'enfile dans son puits, soit pivotante, c'est-à-dire qu'elle reste dans son puits mais pivote autour d'un axe.

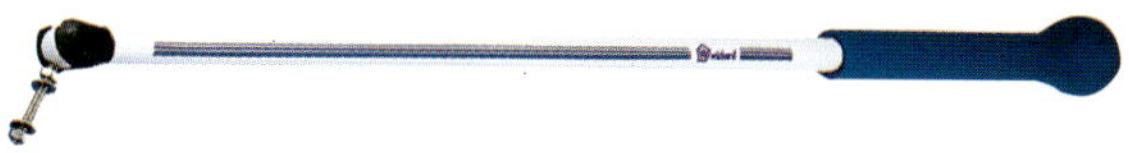

La barre et le stick

La barre est le prolongement du safran. Sa fonction principale est de faire tourner le gouvernail afin d'orienter le bateau. Sur un dériveur, il s'agit toujours d'une barre franche, c'est-à-dire qu'elle agit directement sur le gouvernail, en opposition. Si la barre est à droite, le safran est à gauche et le bateau vire vers la gauche. En option sur les dériveurs traditionnels, le stick (ci-dessus), bras articulé qui prolonge la barre, est devenu un élément essentiel des dériveurs de la nouvelle génération du fait de l'apparition des échelles de trapèze.

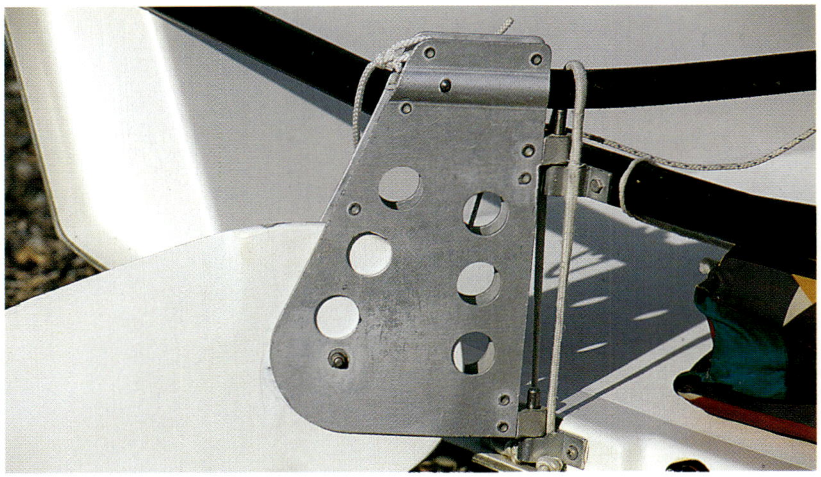

Le safran

Le safran est la plus grande partie du gouvernail. Sa fonction principale est de diriger le bateau. De forme plate, il offre une grande résistance à l'eau et permet au barreur de choisir son cap en l'actionnant, avec une « réponse » quasi immédiate. Le safran est en effet relié à la barre. Un bout permet d'abaisser la lame en contact avec l'eau, un autre permet de la relever. Un petit système – une lamelle de sécurité située entre les deux aiguillots – évite de perdre le safran en cas de dessalage.

Le mât

Le mât a pour fonction principale de supporter la voilure. Il peut être rigide, léger, solide ou flexible. Son maintien vertical ou en compression est assuré par le haubanage. Ces câbles métalliques, d'apparence fine et fragile, lui confèrent pourtant une solidité et une résistance extraordinaires. La poussée du vent dans les voiles provoque des torsions longitudinales ou latérales impressionnantes du mât, mais ce dernier retrouve toujours sa forme initiale une fois la poussée terminée. Ses matériaux sont variés (fibre de verre, carbone, métal…) et ses formes diverses. Un mât n'est jamais réellement vertical. Sa quête – son inclinaison plus ou moins prononcée vers l'arrière – est réglable. Le mât ne doit cependant jamais avoir d'inclinaison latérale lorsqu'il ne supporte ni voilure, ni poussée.

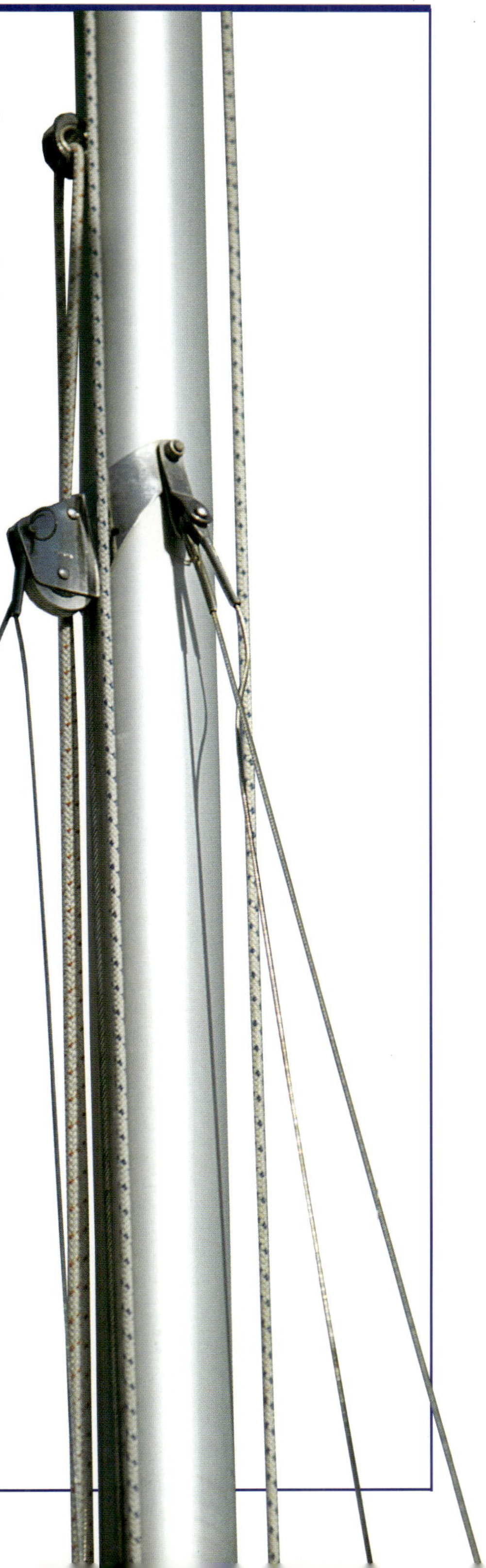

Les haubans
Le haubanage désigne l'ensemble des fils d'acier galvanisé qui font office de tendeurs et retiennent le mât dans sa position verticale. Les haubans sont fixés d'un côté au mât et de l'autre aux cadènes de la coque. Les ridoirs, situés dans la partie basse des haubans, permettent de régler la tension exercée sur le mât. Il est à noter que certains dériveurs solitaires, de type Laser, Optimist ou Finn, n'ont pas de haubans. Le mât est simplement glissé dans un trou prévu à cet effet.

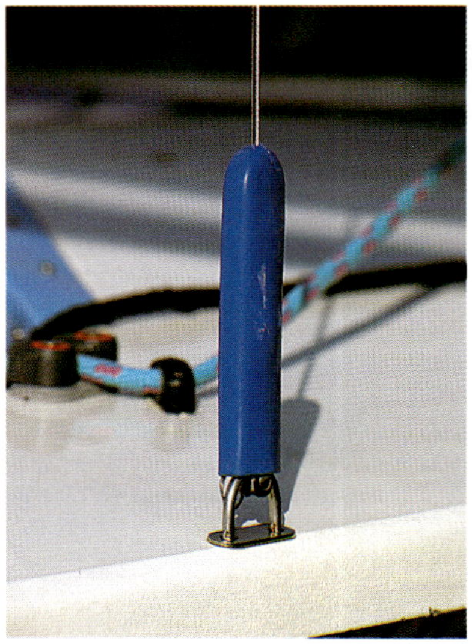

Les câbles de trapèze
Les câbles de trapèze permettent de se mettre en position de rappel par vent frais (fort), c'est-à-dire de rééquilibrer l'assiette latérale mais aussi longitudinale du bateau. Dans cette position, l'équipier et/ou le barreur sont littéralement hors du bateau. Seuls leurs pieds sont en contact avec la coque. Ces câbles, fixés au capelage du mât – l'endroit où se retrouvent haubans et câbles de trapèze sur le haut de mât –, empêchent le corps de tomber à l'eau alors que ce dernier est « sorti » du bateau. L'anneau du câble de trapèze est fixé au crochet de la ceinture de trapèze.

Les barres de flèche

Les barres de flèche sont des barres métalliques situées à la mi-hauteur du mât, dans lesquelles passent les haubans. Elles permettent au mât de ne pas supporter d'importantes flexions qui pourraient être néfastes à la bonne marche du dériveur et de maintenir le gréement dans un profil optimum. Un grand nombre de dériveurs en sont équipés, qu'ils soient traditionnels (470, 505, Fireball…) ou plus modernes (Iso, Buzz, 49er…).

L'échelle de trapèze

Aujourd'hui, la nouvelle génération de dériveurs présente des surtoilages importants. Pour compenser cette grande surface de voile, il était impératif d'augmenter le contrepoids réalisé par le ou les équipiers en les éloignant au maximum du gréement. Ainsi naquirent les échelles de trapèze, des structures métalliques ou en polyester installées de chaque côté de la coque, permettant au

Sur les anciens dériveurs comme sur quelques-uns des dériveurs nouvelle génération, à l'instar du Buzz (ci-contre), seul l'équipier peut monter au trapèze, le barreur restant en permanence dans le cockpit. Certains nouveaux dériveurs permettent maintenant aux deux équipiers de manœuvrer le bateau au rappel depuis les échelles de trapèze (double page suivante).

Le bout-dehors permet d'utiliser un spi asymétrique, ce qui facilite les manœuvres d'envoi ou d'affalage et qui augmente les performances du bateau... Grâce à lui, les sensations sont aujourd'hui à la portée de tous !

navigateur d'être perché loin et en hauteur et d'assurer un contrepoids idéal par rapport à la gîte. Dans la plupart des cas, les échelles de trapèze sont démontables, escamotables ou pliables. Afin de toujours augmenter le couple de rappel, il est même possible de monter au trapèze sur l'échelle. Les équipiers dans cette position sur une allure de près peuvent se trouver à deux mètres au-dessus de l'eau !

Le bout-dehors

Le bout-dehors est une pièce de mâture ressemblant à un tangon, placée horizontalement à l'extrémité de l'étrave du bateau. Aujourd'hui, son rôle est essentiellement de favoriser et d'optimiser l'usage d'un spi dit asymétrique. Mais il faut savoir qu'auparavant, c'est sur cet espar qu'étaient amurés différents focs afin d'augmenter la surface de portance de voile et donc d'augmenter la vitesse du bateau. Le bout-dehors existe depuis longtemps. Son apparition dans l'histoire de la marine à voile remonte presque aux origines de la voile même. Très utilisé, il a disparu de pratiquement tous les plans d'architecte dans la voile de plaisance. Il était en effet peu pratique, nécessitant de la part de l'équipage une certaine technique pour le faire fonctionner et une attention toute particulière lors des manœuvres pour ne pas harponner d'autres bateaux. De plus, il rendait difficile et périlleux le stationnement au port. Mais sur la nouvelle génération de dériveurs, voire même de voiliers habitables, le bout-dehors a effectué un retour en force car il augmente la vitesse du bateau et permet d'envoyer, non pas un deuxième foc, mais un spi asymétrique. Aujourd'hui, cet espar est devenu télescopique et même orientable, ce qui facilite considérablement son utilisation, son maniement et les performances du spi.

PRODUITS LAITIE

Les voiles de dériveurs

Les voiles sont le moteur des dériveurs. Leur fonction principale est de transformer la force du vent en moyen de propulsion pour le bateau. Autrefois en fibres naturelles, elles sont aujourd'hui fabriquées en fibres synthétiques – polyester comme le dacron, polyamide comme le nylon, aramide comme le kevlar… Les nouveaux dériveurs, tels que le Laser 4000, possèdent 30 % de surface de voilure en plus par rapport aux dériveurs traditionnels comme le 420…

La grand-voile

La grand-voile est la voile principale du bateau. Elle est attachée à la bôme et au mât. Elle doit s'adapter à toutes les situations et à toutes les allures, répondre au petit temps comme aux plus gros grains. C'est donc une voile assez complexe qui peut être réglée et travaillée pour s'adapter aux conditions du moment. À l'instar de celle des catamarans, la grand-voile des nouveaux dériveurs est entièrement lattée afin d'augmenter sa surface, sa rigidité et d'améliorer son profil. Cet agrandissement s'est traduit par un nouveau dessin de la grand-voile, en forme d'aile, et un fort rond de chute : la voile, au lieu d'être triangulaire, forme presque un quart de cercle dans sa partie supérieure. La bordure de la voile n'est plus forcément prisonnière de la bôme : elle le reste dans le cas du Laser 4000, mais elle est libre sur le 49er (Fourty-Niner).

Les laizes
Comme toutes les voiles de dériveur, cette grand-voile de 49er (ci-contre) est composée de différentes bandes de tissu cousues entre elles et appelées laizes. Leur assemblage permet d'orienter les efforts portés sur la voile vers les endroits de la voile où il y a aura une déformation minimale. Selon sa coupe, la voile se déforme en fonction des réglages qu'on lui apporte, ou elle se modifie d'elle-même en fonction du changement des conditions. Les laizes sont donc un élément déterminant dans la coupe et le rendement d'une voile.

Le foc

Le foc est une voile d'angle, triangulaire, qui trouve sa place à l'avant du bateau. Sur certains dériveurs, il peut être également latté. On trouve maintenant des « emmagasineurs de foc » sur certains dériveurs. Ce système permet d'enrouler le foc autour de son guindant (son côté parallèle au mât) et de le dérouler tout en restant dans le cockpit. Un petit cordage de manœuvre sert à enrouler le foc sur lui-même, et il suffit de tirer sur une écoute pour le dérouler. Attention, contrairement aux gros bateaux, un emmagasineur de foc sur un dériveur ne sert pas à réduire à loisir la superficie du foc en fonction de la force du vent. Son mécanisme trop fragile ne résisterait pas longtemps. On utilise en fait l'emmagasineur pour ranger la voile à terre, ou lorsque l'on navigue sous spi – pour que le foc ne perturbe pas le spi. L'axe, ou « poupée », de cet emmagasineur peut être fermé ou ouvert. Préférez-le ouvert pour un éventuel réglage de tension, bien appréciable en régate.

Le spi

Abréviation de spinnaker, le spi est une voile de surface importante qui optimise la portance des vents, surtout lorsqu'ils viennent de l'arrière. Cette voile d'avant, triangulaire, était symétrique sur les dériveurs classiques. On l'utilise bien sûr toujours sur les 420, 470, Fireball ou encore 505. Elle est aujourd'hui asymétrique sur les dériveurs de la

nouvelle génération et joue le rôle d'un foc géant. En dehors de son maniement simplifié grâce au bout-dehors, le spi asymétrique présente l'avantage de se vider plus vite de son air qu'un spi creux traditionnel. Ainsi, on peut naviguer et le « tenir » dans des conditions plus musclées, même s'il a tôt fait de se vider et de déstabiliser le bateau. Il se manœuvre comme un foc, avec un point d'amure fixé en permanence sur le bout-dehors, qui coulisse à l'extérieur de la coque via un orifice placé dans l'étrave. L'ensemble est commandé par une drisse unique, accessible depuis le cockpit.

Extrêmement léger et fragile, le spi augmente considérablement la vitesse du bateau et donc les sensations… Son rangement s'effectue dans ce que l'on appelle une « baille à spi », qui peut être placée au pied du mât, au fond du bateau, dans la partie avant – dans le cas d'un dériveur équipé d'un « avaleur de spi » – ou encore dans l'étrave comme sur certains nouveaux dériveurs (Buzz, Iso, Laser 4000…).

Guindant, chute et bordure

Le guindant, la chute et la bordure sont les trois bords de la voile. Le guindant est parallèle au mât ; la bordure suit la bôme perpendiculairement au mât ; la chute va du point de drisse au point d'écoute.

Le point d'écoute

Le point d'écoute est la rencontre entre la voile et l'écoute. Il est situé à l'angle arrière de la voile. Il permet d'orienter la voile suivant l'allure désirée plus ou moins en travers de la direction du vent.

Le point d'amure

Situé à l'angle de la bordure et du guindant, le point d'amure permet de verrouiller la voile en position sur le mât et la bôme.

Le point de drisse

Le point de drisse soutient les drisses, qui permettent de hisser et d'affaler la voile. Il est placé à l'angle supérieur de la voile, dans sa partie haute.

Les matériaux des voiles

Les voiles classiques sont en polyester, la plupart du temps en dacron. C'est un tissu qui compose 90 % des voiles. À l'instar des 420, tous les dériveurs dits traditionnels sont équipés de voiles en dacron.

Toutefois, malgré cette tendance à l'uniformisation des matériaux, les constructeurs ont développé des nouveaux tissus qui permettent d'améliorer les performances. Les voiles dites « composites » en mylar, en kevlar ou autres fibres « exotiques » sont d'une qualité supérieure. Parmi tous les matériaux utilisés dans la conception des voiles, l'un des mariages les plus réussis reste celui du mylar avec d'autres fibres comme le dacron, le kevlar ou encore le spectra. Le mariage mylar-dacron offre stabilité, légèreté et résistance. En revanche ce tissu est cassant. La combinaison mylar-spectra donne des voiles stables qui résistent bien à l'allongement, au ragage (aux frottements), au pliage et aux UV. Parmi les recettes les plus performantes, le duo mylar-kevlar allie la performance du premier à la solidité du second. À l'utilisation, le mylar ne souffre en effet d'aucune déformation. La « feuille » restant rigide, il n'y a aucun déplacement de creux, ou poches, ni même de plis. C'est un matériau qui peut apporter au tissu la stabilité multidirectionnelle qui lui manque, comme c'est le cas avec les voiles en dacron : plus souple, le dacron possède un temps de réaction moindre, et à terme se déforme. Le mylar est donc le matériau idéal. Comme le kevlar, il rigidifie la voile, et la perte en élasticité et en souplesse qui en résulte améliore la réponse aux effets du vent. Mais le principal inconvénient de ces tissus composites reste leur prix, encore très élevé…

Deux types de tissus : le premier est un tissu composite, qui se trouve aujourd'hui en série sur les dériveurs nouvelle génération, le second est du dacron, qui équipe tous les bateaux dits « anciens ». La rigidité de la voile améliore les performances du bateau mais est beaucoup plus fragile et requiert un grand entretien, surtout si l'on veut conserver sa voile longtemps. Le prix est également plus élevé ! (Ci-contre.)

Les spis sont fabriqués en nylon assez léger de type polyant ou bainbridge (en haut). Tout à la fois léger et très fragile, un spi doit se manier avec beaucoup de précautions.

Voiles en dacron pour les 470 (ci-dessous), voiles composite pour ces 49er (ci-contre). Si ces deux tissus possèdent leurs propres caractéristiques, ils ont des points communs : une voile ne doit pas être pliée mais roulée, et il ne faut pas l'utiliser dans des conditions de navigation trop extrêmes… Elle se déformerait alors rapidement et perdrait de son efficacité.

La qualité et la performance des voiles modernes proviennent du gain de poids et de l'augmentation de la résistance. Ces facteurs sont les mêmes pour les accessoires qui équipent les voiles. Les sangles sont ainsi préférables aux traditionnels œillets et pièces en inox. Et au niveau des renforts du point d'écoute, les constructeurs de voiles remplacent désormais les superpositions de tissus par des sangles ou des bandes de tissu disposées en éventail.

Des voiles fragiles

Le dacron est très fragile si l'on n'y prend garde. C'est un tissu qui est recouvert d'un film de résine. Quand la voile est neuve, on se rend d'ailleurs très vite compte de sa rigidité, qui n'a rien à voir avec l'idée que l'on se fait d'un tissu. C'est presque du papier calque. Il ne faut surtout pas plier la voile, mais la rouler, par exemple autour d'un vieux tube de PVC. Avec le temps et le travail du matériau, la couche de vernis s'efface jusqu'à laisser apparent le seul tissu. Une vieille voile laisse passer l'eau, l'air et ralentit le bateau. Elle prend des formes qui ne conviennent plus. Elle devient ce qu'on appelle un « sac », elle se creuse. Ce phénomène de poche ne permet plus d'obtenir des réglages précis, et le vent engouffré dans la voile ne s'évacue que difficilement. La phase terminale intervient quand le tissu usé se déchire tout seul.

Le film en mylar est plus fragile encore et demande une attention accrue : il se casse et s'émiette quand on fait faseyer la voile. On utilise d'ailleurs très rarement le mylar seul, mais on l'associe à une autre fibre comme le dacron, le kevlar ou le spectra. Une voile qui comporte du mylar ne doit jamais être pliée, mais roulée lors de son conditionnement. La durée de vie de ce type de voile, sensible même aux UV, est extrêmement réduite – entre un mois et un an !

Les catamarans

Le catamaran est l'un des voiliers les plus rapides sur l'eau et il n'est pas rare de le voir dépasser tout autre type d'embarcation. Depuis longtemps, ces bateaux aux voiles multicolores sillonnent de nombreux plans d'eau à la recherche d'une vitesse toujours plus importante. Les équipiers ressemblent à des funambules suspendus à des fils, en équilibre sur un bateau à la conduite étrange. Contrairement à tous les autres types de voiliers, les catamarans fonctionnent au maximum de leur vitesse lorsque le bateau gîte. La coque au vent s'élève alors d'une façon impressionnante et le bateau donne l'impression de « voler » sur l'eau. Vu de l'extérieur, on pourrait croire que le catamaran n'attend qu'une seule chose, de décoller ! Les coques tapent et claquent sur l'eau, la surface de la mer devient dure comme du béton…

Ce sont des bateaux nerveux, sensibles, aux comportements délicats, qui exigent une concentration particulière de l'équipage. À ces vitesses-là, la moindre erreur ne pardonne pas. Le succès des catamarans repose sur la garantie d'une véritable ivresse de la vitesse. Le plus extraordinaire, c'est que l'on est propulsé par un moteur surpuissant qui ne fait pas de bruit : le vent. La force du vent est utilisée à son maximum, démultipliée par des voiles disproportionnées mais réellement bien pensées. Les catamarans sont des bateaux au caractère ardent, qui se déplacent rapidement d'un point à un autre et procurent, lorsqu'ils se lèvent sur une coque, des sensations assez surprenantes.

De gauche à droite : Dart 18, Hobie Cat 16, Dart Hawk… Trois bateaux pour trois classes différentes. Si le Dart 18 et le Hobie Cat 16 sont certainement les catamarans les plus diffusés au monde, les Formule 18 comme le Dart Hawk attirent aujourd'hui les meilleurs navigateurs. Cette classe est en plein développement !

La Formule 1 des plans d'eau

Simples à entretenir, d'un prix raisonnable lorsqu'ils sont achetés d'occasion, ce sont des bateaux financièrement accessibles. Les catamarans comme les Hobie Cat sont nés dans le Pacifique, aux États-Unis. Ils permettaient de naviguer dans les vagues d'une manière ludique avec des sensations se rapprochant de celles du surf. Ceci explique la forme « bananée » de la coque, pour optimiser les sensations de glisse et passer la barre sans enfourner. Depuis, bien d'autres catamarans ont vu le jour, et chacun d'eux donne le meilleur de lui-même dans des conditions qui lui sont spécifiques. Mais les catamarans étaient dès le départ extrêmement bien conçus. Le Tornado, par exemple, a toujours une technologie d'actualité et demeure une valeur de référence. Les « catas » sont en général surtoilés, ce qui leur confère des vitesses impressionnantes. L'existence des deux coques permet de supporter ce surtoilage. Malgré cela, les chavirages sont assez fréquents, car aux commandes de ce genre de bateau, on cherche toujours à repousser plus loin ses limites. Le dessalage fait donc partie du folklore, et remettre son bateau à l'endroit est la première chose que l'on apprend en catamaran.

Les catamarans peuvent être équipés de dérives, qui permettent de mieux tenir le cap à certaines allures, comme le près. Lorsqu'ils en sont dépourvus, ils sont dotés d'ailerons fixes, à savoir une dérive courte moulée sous chaque coque – c'est la formule idéale pour débuter. Les dérives présentent beaucoup d'avantages et de rares inconvénients. Leur faculté à maintenir le bateau dans une trajectoire quasi parfaite est liée à leur longueur, à leur largeur et à leur réglage en fonction de la hauteur d'eau. Pourtant, leur manipulation n'est pas des plus aisées, et il faut constamment les changer de position, surtout sur des plans d'eau peu profonds.

Les coques sont solidaires de l'ensemble grâce à des poutres métalliques, et il n'y a pas de cockpit : le ou les navigateurs évoluent sur ce que l'on appelle un trampoline, tendu entre les deux poutrelles métalliques et les deux coques. Le gréement est disposé au centre du bateau. En général, on se tient en dehors du catamaran, au rappel avec des ceintures de trapèze, les pieds posés sur le bord de la coque ou du trampoline. Il est rare que l'on navigue assis sur le trampoline, sauf par petit temps bien entendu. Les trois « bateaux phares » de cette catégorie sont le Hobie

De gauche à droite : majestueux Classe A, Diam, Hobie Cat Tiger… Si le premier est solitaire, les autres sont en double. Le Tornado (à droite), également en double, reste le mythe et le rêve de beaucoup. Série olympique depuis 1968, ce bateau est caractérisé par une surface de voile importante et une vitesse de déplacement stupéfiante par rapport à ses homologues à deux coques. Ce bateau de référence demande un budget conséquent à l'achat et à l'entretien.

Cat 16 et le Dart 18 – qui sont les plus diffusés –, et le Tornado, qui est la référence en matière de multicoques de sport. Les deux premiers ne comportent pas de matériel superflu et possèdent des réglages assez simples qui les rendent accessibles aux débutants. Le troisième, série olympique, est une vraie Formule 1 des mers. Plus cher et plus technique, il impose des préréglages et des réglages permanents pour en tirer le meilleur parti…

Au même titre que le dériveur, le catamaran a également bénéficié de certaines innovations au fil des ans. Si la grand-voile lattée a toujours été de mise sur les catamarans, il n'en est pas de même des bouts-dehors et des échelles de trapèze, qui ont fait leur apparition assez récemment. Les matériaux mais aussi les profils des coques ont évolué : carènes plus fines, symétriques ou asymétriques, meilleure répartition des volumes, etc.

Le catamaran pièce par pièce

Si le petit accastillage reste sensiblement le même que pour les dériveurs, la plupart des pièces du catamaran lui sont propres. Apprendre à les connaître est indispensable pour passer du dériveur au catamaran. La liste suivante ne reprend que les pièces dont l'utilisation est spécifique au catamaran.

Les coques

Lorsque l'on regarde les coques d'un catamaran, leurs principales caractéristiques ne font aucun doute : elles sont taillées et placées de façon à assurer vitesse et stabilité au bateau. Elles sont la plupart du temps symétriques, mais on peut également trouver des coques asymétriques, servant alors de plans anti-dérive. Indépendantes, les coques sont cependant solidaires de l'ensemble du corps du bateau et sont naturellement étanches. Le navigateur n'évolue donc pas à l'intérieur de la coque, comme dans le cockpit du dériveur, mais sur les coques. Leur fonction principale est bien entendu de flotter. Comme toutes les coques, elles offrent une résistance à l'eau par frottements et une résistance résiduelle liée aux dépressions créées par les formes et les surfaces immergées. Consolidées et renforcées dans les endroits les plus sollicités, elles soutiennent le trampoline et le mât par l'intermédiaire des poutres. Leurs formes diffèrent suivant les modèles et les marques de catamaran. On peut également en trouver avec une répartition de volumes spécifique qui caractérisera alors le bateau lors de la navigation. Par exemple, une coque avec peu de volume sur l'avant peut enfourner plus facilement, tandis qu'une coque avec davantage de volume sur l'avant va demander à l'équipage une position au rappel plus décalée sur l'avant…

Coques bananées pour l'un, coques avec plan anti-dérive pour l'autre, les catamarans ne se ressemblent pas. Répartition des poids, réglages, surfaces de voilures, forme des safrans, montage et assemblage… tout peut être différent. À vous de choisir celui que vous préférez !

Les poutres

Deux poutres, en fait des tubes d'aluminium, relient les deux coques du catamaran. Elles sont soit encastrées (Hobie Cat 16), soit boulonnées (Mystère). Dans tous les cas, il faut veiller à leur bon assemblage et à leur entretien, car elles assurent la fixation et la bonne rigidité de l'ensemble, ainsi que le maintien du trampoline sur lequel l'équipage va évoluer. Le mât vient se poser sur la poutre avant du catamaran. Il est à noter que le montage des catamarans de type Hobie Cat 16 ne nécessite pas d'outillage.

Le trampoline

Réalisé en toile à mailles ou en toile classique, le trampoline a un rôle important puisqu'il sert de pont ou de cockpit. Par ailleurs, il contribue à assurer la rigidité de l'ensemble coque-poutres. Il va sans dire que son réglage en tension exige une attention toute particulière. Celui-ci se fait par « transfilage », c'est-à-dire par un laçage du sandow qui fait des allers-retours entre les œillets de la toile du trampoline et la poutre. Il faut faire très attention à ce montage car un mauvais ajustement du trampoline sur les poutres pourrait occasionner de graves déchirures à la toile du trampoline. Certains trampolines se montent avant les poutres, les toiles se glissant dans des gorges placées le long des coques.

Les dérives et les puits de dérives

Les dérives ne sont pas utilisées systématiquement sur les catamarans. Les Hobie Cat 16, par exemple, n'en sont pas équipés tandis qu'un Dart Hawk en possède. Elles sont au nombre de deux et traversent les coques. Elles sont soit moulées dans la coque – ce sont des ailerons –, soit « sabres » – c'est-à-dire qu'elles s'emboîtent dans un puits de dérive prévu dans chaque coque –, soit pivotantes, se relevant en cas de choc. Il faut savoir que les dérives sabres permettent de serrer parfaitement le vent, contrairement aux pivotantes qui se révèlent moins performantes mais plus pratiques à l'usage.

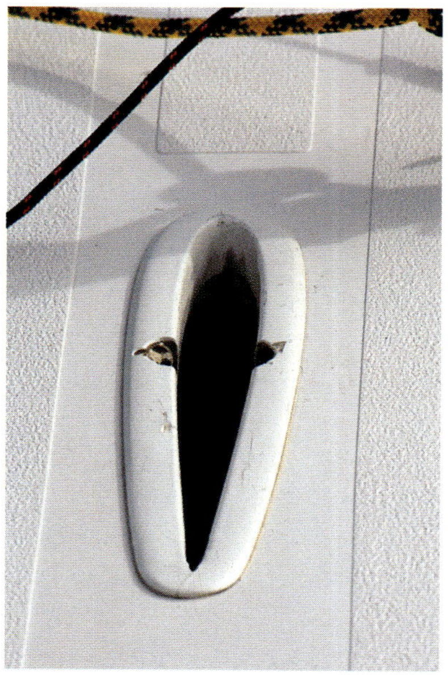

La barre et le stick

La barre du catamaran est spécifique puisqu'elle relie entre eux les deux safrans. On l'appelle d'ailleurs barre d'accouplement ou barre de liaison. Un long stick – une tige articulée – placé au milieu de la barre d'accouplement permet de barrer lorsque l'on se met au trapèze ou que l'on se place très en avant sur le trampoline.

Les safrans

Les deux safrans, reliés à la barre et au stick, peuvent s'abaisser ou se relever indépendamment ou simultanément. Leur fonction principale est de diriger le bateau. À la différence du safran des dériveurs, ils jouent aussi un rôle dans le maintien du cap du bateau en s'associant aux dérives ou en les remplaçant. On peut aussi régler leur inclinaison vers l'avant – on appelle cela la « compensation » ou, dans l'autre sens, la « décompensation » – ainsi que la dureté de la barre.

Le mât

Le mât du catamaran, orientable et profilé, repose sur une rotule. Son articulation est lubrifiée par une pastille en téflon. On dit d'ailleurs qu'il est posé, tandis qu'il est « emplanté » sur un dériveur. Il est en général d'un diamètre supérieur à celui d'un mât de dériveur. La tenue du mât est assurée par deux haubans latéraux et par un étai relié à une patte-d'oie sur l'avant des flotteurs. L'ensemble de ces câbles est relié à un point du mât que l'on appelle capelage. Sur les mâts plus hauts, on peut les relier à un étage de barres de flèche comme sur le Tornado, le Hurricane ou le Hobie Cat 21. Les catamarans sont équipés dans leur majorité d'un hook, qui sert à bloquer la grand-voile en position haute sans exercer de pression sur la drisse. C'est un crochet spécial placé en tête de mât dans lequel s'engage une butée fixe sur la drisse de grand-voile. Une fois cette butée engagée dans le hook, on relâche la tension exercée sur la drisse. Grâce à un petit palan situé au point d'amure, le cunningham, il est aussi possible de régler la tension de la grand-voile, de la même manière qu'un dériveur.

Les barres de flèche
Elles servent à écarter les haubans du mât de manière à tenir et à raidir le mât le plus efficacement possible. Certaines barres de flèche comportent des rondelles en plastique qui empêchent les voiles de s'y accrocher. Sur certains bateaux, on peut régler leur angle : perpendiculaires au mât, on dit qu'elles sont neutres, légèrement en arrière, on dit qu'elles sont poussantes.

Les câbles de trapèze
En catamaran, le rappel est de rigueur. Des sangles sont bien sûr prévues sur les petites unités, mais ce sont en général des câbles de trapèze qui assurent l'équipage dans sa position hors du bateau à la contre-gîte. Ils permettent de rééquilibrer l'assiette latérale mais aussi longitudinale du bateau.

Le bout-dehors
Certains catamarans – Cobra Mystère, Dart Hawk, Hobie Cat Tiger – sont équipés d'un bout-dehors à poste qui est fixé à la poutre avant devant le mât.

Un sac à spi (ci-dessous) équipe ces catamarans. Il s'ouvre avec une fermeture Éclair et permet d'envoyer ou de rentrer le spi sans que celui-ci ne traîne dans l'eau ou ne s'abîme lors des manœuvres.

Les haubans et le guignol (ou losange)
Les haubans sont des câbles en acier galvanisé ou en inox qui assurent le maintien du mât dans sa position verticale. Ceux des catamarans sont fixés aux deux tiers du haut du mât, à l'exception des mâts équipés de barres de flèche. Les mâts très hauts, de l'ordre de huit à neuf mètres, sont soumis à de rudes efforts. Aussi, afin de tenir le mât le plus droit possible et surtout de mieux contrôler son cintrage – sa courbure –, certains catamarans sont pourvus d'un guignol, ou losange, c'est-à-dire de haubans qui partent de la tête de mât, passent par les barres de flèche et reviennent se fixer au pied du mât par l'intermédiaire de deux ridoirs réglables, formant ainsi… un losange.

Les voiles de catamarans

Les voiles de catamarans ont été les premières à connaître des innovations marquantes telles que les lattes forcées, qui ont permis de nouveaux dessins de voile. Ces modifications n'ont été répercutées que plus tard sur les dériveurs.

La grand-voile

Les grand-voiles de catamarans ont la particularité d'être entièrement lattées de manière à obtenir un profil d'aile et à maintenir un rond de chute important. La bordure de la grand-voile qui longe la bôme est fixe ou laissée libre selon les modèles. La bôme est même parfois supprimée comme sur les Dart 18, les KL 15.5 ou les Newcat F1. Le point d'écoute est alors fixé directement au bout de la voile sur un renfort. Une grand-voile de catamaran a l'avantage de ne pas faseyer. Cet atout tient au simple fait qu'elle est lattée d'un bord à l'autre et sur toute sa hauteur. En moyenne, elle comporte huit lattes, qui sont appelées « lattes forcées » puisqu'elles contraignent la voile à prendre une forme presque plate. Un puissant palan d'écoute, à six ou huit brins, permet de la régler. Il coulisse dans un rail transversal intégré dans la poutre arrière de façon à pouvoir apporter un réglage supplémentaire à la grand-voile sans avoir besoin d'atteindre le palan d'écoute. Ce rail s'appelle la barre d'écoute de grand-voile.

Le foc

La superficie du foc des catamarans est plus réduite que sur les dériveurs. Il fait en général entre un cinquième et un quart de la surface de la grand-voile. On trouve d'ailleurs de grandes différences de surface entre des modèles de longueur pourtant identiques : le foc d'un Dart 16 fait par exemple 2,70 m^2, tandis que celui d'un Hobie Cat 16 a une surface de 5,12 m^2… Comme les dériveurs, les catamarans peuvent être équipés d'emmagasineurs de focs. Mais sur le Dart 18, un modèle largement diffusé, le foc est bloqué en tête de mât et on ne peut le régler qu'au moyen d'une petite garcette placée au point d'amure. Il est donc

Si toutes les voiles de catamarans ont en commun certaines caractéristiques – grand-voile lattée, hook, rond de chute important, etc. –, elles peuvent avoir des formes différentes comme ici en tête de mât. Lorsque la répartition de la surface diffère ainsi, elle se traduit par des réglages légèrement différents suivant les allures et la force du vent…

impossible de modifier son réglage en naviguant, ce qui impose de veiller à bien régler sa tension avant de partir.

Le spi

Avec le temps, les catamarans ont eux aussi succombé à l'attrait du bout-dehors. C'est ainsi que depuis quelques années, les pratiquants de catamaran ont la possibilité d'envoyer un spi, dont la plage d'utilisation s'étend du grand largue au largue serré. Comme le foc, la superficie du spi est très variable suivant les modèles, et elle est conditionnée par leur jauge – leurs caractéristiques. Mais il se révèle indispensable à qui veut se présenter à une compétition de Formule 18 ou participer à un raid côtier. Le spi du Hobie Cat 21 Formula est le plus grand des spis en série, avec une surface de 27,5 m^2.

Le spi est de forme asymétrique. Il est relativement plat et son creux est assez reculé. Son bord d'attaque, c'est-à-dire son « rond de guindant » – le bord de voile allant du point de drisse au point d'amure –, doit être fin. En raison de leur coupe très spécifique, ces spis sont dits peu tolérants, car ils décrochent facilement – rupture de l'écoulement laminaire – et faseyent très vite. Ils demandent donc un réglage constant et un contrôle permanent.

Les matériaux des voiles

Le dacron a été le premier type de polyester utilisé, et il reste encore d'actualité sur une majorité de catamarans. Dans l'ensemble, les voiles en dacron équipent en série les catamarans les plus largement diffusés, d'autant que les compétitions de série (Dart 18, Hobie Cat 16) correspondent à une jauge précise, c'est-à-dire à un ensemble de caractéristiques spécifiques à chaque modèle – longueur, poids, équipements, etc. – dont font partie la superficie de la voilure et le matériau dont elle est composée. Mais depuis quelques années, certains catamarans sont équipés de voiles en matériaux composites, à l'image de celles qui équipent les dériveurs.

Les coques

Si les formes des coques diffèrent, les matériaux qui les constituent n'en sont pas moins divers. L'évolution de l'industrie nautique s'est accompagnée de changements importants des matériaux utilisés pour construire les coques. De multiples facteurs ont motivé cette évolution – contraintes de poids, de fabrication, de robustesse, de coût, d'esthétique ou encore d'entretien. À l'image du monde moderne, tout ce qui pouvait être utilisé ou testé l'a été ! Aujourd'hui, au terme d'épopées extraordinaires, de recherches obstinées et d'innovations pertinentes, les voiliers se voient vêtus de robes neuves.

Moins attachants mais plus performants

D'année en année, les matériaux composant les bateaux gagnent en légèreté et en performance. Les dériveurs comme les catamarans de sport sont devenus, plus que des véritables embarcations, des « armes à sensations » de la mer, maniables et facilement transportables. L'entretien courant comme certaines réparations sont aisément réalisables du fait de la simplicité des matériaux. Dériveurs et catamarans ont bénéficié au fil du temps de toutes les avancées technologiques qu'ont pu apporter « sur le terrain » les plus grands marins associés aux meilleurs constructeurs. De plus, ces nouveaux matériaux permettent d'expérimenter des formes originales – car ils sont simplement moulés en règle générale – et évitent de se reposer sur des ossatures ou des carcasses rigides. Leur seul inconvénient est qu'ils n'auront jamais la « chaleur » affective d'une coque en bois comme on peut encore en trouver dans les flottes de 5O5 ou de Fireball…

Le polyester roi

Obtenu par la condensation de polyacides et d'alcools non saturés, largement développé, le polyester intervient dans près de 90 % de la construction des catamarans. Toutes les unités de régate, du Tornado au Formule 18 pieds, sont construites en polyester. Les coques sont solides, parfaitement étanches et pénètrent particulièrement bien dans l'eau. La glisse et les qualités de rigidité du polyester, surtout lorsqu'il est associé à d'autres matériaux, sont excellentes. L'entretien des coques est facile et les réparations peuvent être assurées par le navigateur lui-même, à l'aide d'un kit de réparation que l'on peut se procurer dans n'importe quel magasin spécialisé. En revanche, les coques sont victimes à terme de l'usure – sel, soleil… – et possèdent une esthétique qui peut être rapidement mise à mal par de tout petits incidents – éclat de gel-coat, rayures… Ainsi, il faut être particulièrement vigilant lorsque l'on pose son bateau sur une cale de mise à l'eau, ou lorsqu'on arrive sur une plage à grande vitesse.

Même classe de bateaux – 5O5 – mais deux coques de matières différentes… Le polyester a remplacé petit à petit le bois qui demandait beaucoup plus d'entretien. Pourtant, il faut bien avouer que le polyester n'aura jamais la chaleur et la valeur affective d'une coque en bois.

L'apparition du polyéthylène

Le polyéthylène est une matière plastique née de la polymérisation – du durcissement – de l'éthylène. Les bateaux en polyéthylène sont en quelque sorte la génération qui a suivi le polyester. Le principal avantage de ce matériau est la facilité d'entretien et la solidité incomparable de ces bateaux, qui sont par contre lourds à déplacer. Les coques ont un aspect plus granuleux et moins brillant que le polyester. De plus, sur une grande longueur, elles ont une rigidité moindre par rapport aux constructions en polyester composite. Cette technique de fabrication concerne essentiellement les petites unités de moins de 16 pieds. L'entretien se résume la plupart du temps à un rinçage. Mais, à l'image de notre société de consommation, ce sont des produits « finis » qu'il est quasiment inenvisageable de réparer. Les bateaux de ce type sont idéaux pour débuter, car ils ne craignent pas les petits chocs, les arrivées de plage sur le sable… Ce sont des bateaux tolérants que l'on trouve souvent dans les écoles de voile ou les locations de plage.

3

Équipement et matériel de bord

L'équipement du navigateur

Comme dans beaucoup de sports, la voile nécessite, outre le matériel de navigation lui-même, des équipements spécifiques au navigateur. Jugés superflus par certains, ils sont pourtant les garants d'une sécurité et d'un confort optimaux. Un bateau bien appareillé, c'est une bonne chose… mais lorsque le navigateur est lui aussi bien équipé, c'est vraiment mieux. La zone de navigation, les conditions climatiques, la durée de la sortie sur l'eau ou encore le programme de votre virée sont inévitablement à prendre en considération dans le choix de votre équipement. Néanmoins, quels que soient ces facteurs, un minimum s'impose.

Fruit d'innovations pertinentes et d'expériences nombreuses, le matériel proposé pour la sécurité et le confort du navigateur et de ses équipiers est aujourd'hui réellement bien adapté. Il ne nécessite qu'un investissement minime et vous assurera à coup sûr une pratique dans les meilleures conditions. Tous ces équipements sont disponibles chez les détaillants mais aussi dans les clubs de voile, les magasins généralistes du sport, ou encore dans les boutiques spécialisées dans la vente de matériel d'occasion. Certains d'entre eux, comme les combinaisons, peuvent être parallèlement utilisés dans d'autres activités sportives comme le surf et la planche à voile. Votre investissement sera alors rapidement amorti.

La combinaison.

Avant que la combinaison n'existe, on disait toujours qu'un homme à la mer habillé, même d'un pull et d'un pantalon, avait plus de chances de s'en sortir qu'un homme en maillot de bain. Cela peut être vrai, mais tout dépend en fait des eaux dans lesquelles on évolue. Alors, même s'il est conseillé de porter toujours des vêtements chauds, hiver comme été, le pratiquant débutant ou assidu a tout intérêt à s'équiper d'une combinaison. Sur des dériveurs ou des catamarans, du fait des entrées d'eau et embruns permanents, les navigateurs sont constamment trempés. Le froid gagne donc vite l'équipage et les performances s'en

La tenue idéale par beau temps : un *shorty* en néoprène pour le bas du corps, un haut imperméable et un gilet de sauvetage. Le souci de la sécurité doit être omniprésent en mer. Il ne faut jamais sortir sans son gilet sous prétexte de s'alléger au maximum. Il est votre passeport pour la survie si par malheur vous tombiez à la mer.
Il existe bien évidemment différents types de combinaisons, celles-ci ayant énormément gagné en qualité, en légèreté et en élasticité grâce aux recherches notamment des entreprises du surf et du windsurf. Aujourd'hui, on travaille sur la « Zipless », la combinaison de demain que l'on enfilera comme un gant sans avoir à se contorsionner pour agripper le bout de fermeture Éclair. Les Zipless sont déjà sur le marché, mais d'ici cinq ou six ans, elles seront sans aucun doute encore bien plus performantes…

ressentent inévitablement. Une combinaison souple n'est pas forcément très agréable à porter durant plusieurs heures, mais elle protège efficacement du froid. D'ailleurs sous nos latitudes, un grand soleil d'été n'a jamais empêché la mer d'être froide, *a fortiori* quand on s'éloigne du bord. De plus, le vent refroidit lui aussi considérablement un corps mouillé.

Les combinaisons étanches vous permettent de rester habillé en dessous sans que la moindre goutte ne vienne vous ennuyer. Elles garantissent le maintien au sec sur le bateau, mais elles n'assurent pas une protection optimale en cas de chute à la mer, ne conservant pas la température du corps dans l'eau. De plus, la transpiration finit par vous refroidir. Les combinaisons isothermiques semi-étanches en néoprène, de différentes épaisseurs, sont autrement plus efficaces. L'eau s'infiltre et prend quasi immédiatement la température du corps. Si vous tombez à la mer, c'est l'assurance de tenir cent fois plus longtemps qu'avec tout autre vêtement. Elles représentent indéniablement la meilleure formule. En revanche, les combinaisons en néoprène sont relativement fragiles et nécessitent un entretien permanent. N'oubliez jamais de les rincer à l'eau douce et de les faire sécher afin qu'elles conservent souplesse et robustesse. Nous vous conseillons d'enfiler par-dessus votre combinaison un vieux short pour éviter des accrocs incongrus ou une usure trop rapide sur les zones de frottement.

Intégrale étanche (ci-contre) ou semi-étanche, *shorty* (en haut)… Une combinaison se doit d'être souple et bien assemblée. Vérifiez la qualité du néoprène, l'emplacement et l'importance des renforts et la qualité des zips. Une bonne combinaison est un gage de confort et de performances, mais surtout et avant tout de sécurité !

Le coupe-vent

Comme son nom l'indique, le coupe-vent a pour fonction de vous protéger du vent. Il faut savoir que le vent, de par la vitesse de déplacement du bateau, est très vite frais et a tôt fait de vous couper toute envie de naviguer. Ce coupe-vent peut être un blouson léger qui permettra au corps de conserver sa chaleur tout en le laissant respirer. De plus, un blouson léger protège efficacement le haut de la combinaison des chocs et autres accrocs. Avoir des poches à disposition permet également de ranger quelques petits accessoires qui peuvent s'avérer fort utiles en navigation comme un démanilleur, un couteau ou plus simplement une casquette, des lunettes de soleil ou de la crème solaire…

Une veste, un blouson court ou un coupe-vent permettent de protéger efficacement le haut du corps des agressions du vent. Ils doivent être souples, larges aux emmanchures, hauts pour protéger le cou, imperméables, légers, mais aussi résistants.

Le gilet de sauvetage

Le port du gilet de sauvetage tombe sous le sens, *a fortiori* dans la pratique sportive du dériveur ou du catamaran, où les dessalages peuvent être fréquents. Ces gilets doivent être agréés et porter les lettres GS (pour un gilet) ou BS (pour une brassière). Ils sont un gage de survie au même titre que la combinaison, car ils évitent les gestes inutiles et vite fatigants d'un marin en détresse. Ils sont spécialement étudiés pour qu'un pratiquant assommé et tombé par-dessus bord flotte avec la tête hors de l'eau. Ils sont également un moyen de sauvetage efficace car leurs couleurs vives facilitent le repérage par visibilité incertaine. Le port du gilet est de toute façon obligatoire. Alors inutile de vous poser la question, vous n'avez pas le choix. L'ensemble de l'équipage doit avoir un gilet sur soi.

Les chaussons

Ne portez jamais de bottes ! Le look du marin du dimanche a vécu. Les bottes ont leur place sur un ponton mais doivent être rangées avant le départ en mer. Sur le bateau, elles sont gênantes, et dans l'eau, elles sont le plus sûr moyen de couler à pic. Même une vieille paire de tennis est préférable. En tout cas, ne partez jamais pieds nus. D'une part vous auriez vite fait de vous esquinter les pieds, et d'autre part vous souffririez rapidement du froid. Préférez des bottillons ou des chaussons qui vous assureront chaleur, maintien, confort et sécurité. Il faut bien avoir à l'esprit que vous êtes toujours en recherche d'appuis sur un dériveur ou un catamaran. Veillez donc à ce que vos bottillons ou vos chaussons possèdent une semelle bien adhérente, des renforts au talon et sur le cou-de-pied, et un bon système de serrage au-dessus des chevilles pour limiter les infiltrations d'eau.

Les gants

Quel que soit le temps, ayez toujours à portée de mains une paire de gants. Les mains sont en effet extrêmement sollicitées sur un bateau. Les gants permettent bien sûr de lutter contre le froid ou d'éviter de raviver une éventuelle blessure, mais surtout de prévenir les brûlures provoquées par les bouts, les drisses et les écoutes. Les ampoules sont fréquentes, aussi pensez à les soigner une fois à terre, car l'eau salée ne favorise pas la cicatrisation.

La ceinture de trapèze

Sur un dériveur comme sur un catamaran, la ceinture de trapèze permet à l'équipier ou au barreur de se mettre au rappel. Les ceintures de trapèze sont bien étudiées et évitent à coup sûr d'avoir mal au dos à condition qu'elles soient correctement sanglées. À ce titre, n'hésitez pas à vous suspendre au trapèze à terre pour vérifier le confort de serrage de votre ceinture. Trop lâche, vous aurez la désagréable impression de ne pas être soutenu. Trop serrée, vous aurez tôt fait d'être gêné pour respirer et pour bouger à votre aise sur le bateau. La ceinture se porte toujours en dessous du gilet de sauvetage. La boucle de trapèze ne doit pas être pour autant gênée par le gilet, et se positionne en dessous de lui. En cas de dessalage, essayez à tout prix de vous décrocher du câble de trapèze avant que le bateau ne soit complètement couché, car sinon votre position peut devenir des plus inconfortables, voire des plus dangereuses.

Les équipements complémentaires

Par tous les temps, une casquette, des lunettes de soleil et une crème de protection anti-UV sont indispensables, car la luminosité est telle en mer qu'on bronze même sous les nuages et que la moindre éclaircie peut gêner la vue. Prévoyez également une écharpe et un bonnet s'il fait froid.

Le matériel de bord

Un petit nécessaire de bord n'est pas un luxe. Comme l'équipement du navigateur, il est avant tout synonyme de sécurité. Sa composition est propre à chaque bateau, mais les incontournables demeurent. Le matériel de bord doit toujours être bien fixé au bateau. Évidemment, plus on est léger et plus on va vite. Il faut donc se prémunir contre toute forme de surcharge, le principe étant de réduire au maximum le poids total sur le bateau. Mais la performance passe avant tout par la sécurité…

Les manilles
Il en existe plusieurs sortes – manille droite, torse, mousqueton de sécurité, de foc, etc. Elles font partie du petit accastillage.
Ce sont des étriers à vis qui relient ou fixent différents cordages et voiles aux organes du bateau. Les manilles cèdent rarement, mais le jour où ça vous arrive, quel bonheur d'en avoir une de rechange à bord !

Le démanilleur
Le démanilleur, ou clé à manille, est léger, pas très onéreux et facile à embarquer. Il permettra à tout moment de dévisser une manille grippée ou d'en serrer une autre plus correctement.

La pagaie
Un peu désuète et encombrante pour beaucoup, elle peut cependant vous tirer d'un mauvais pas en cas de déchirure des voiles ou pour atteindre un lieu d'accostage sans tenter une manœuvre périlleuse. Elle n'est pas seulement utile… elle est obligatoire ! On trouve actuellement de petites pagaies en plastique très légères ou des pagaies classiques démontables chez de nombreux détaillants.

Les poulies

Les poulies de rechange ne sont pas vraiment indispensables. Une réparation de fortune et de l'huile de coude peuvent toujours venir à bout d'une poulie défaillante, mais disposer d'une poulie de secours est un vrai confort. Mieux vaut la prendre trop large que pas assez.

Le couteau

Une bonne lame fait toujours partie de l'attirail du marin qui se respecte. Un couteau peut avoir des dizaines d'emplois, même ceux pour lesquels il n'est pas conçu… Choisissez-en un qui coupe bien, de préférence en inox et avec un cran de sûreté.

Les mousquetons

Les mousquetons sont des points d'attache. Préférez-les en inox car ceux en alliage d'aluminium ont une espérance de vie assez courte. Lors de l'achat d'un mousqueton, vérifiez toujours sa limite de tension avant rupture (parfois gravée sur le mousqueton lui-même).

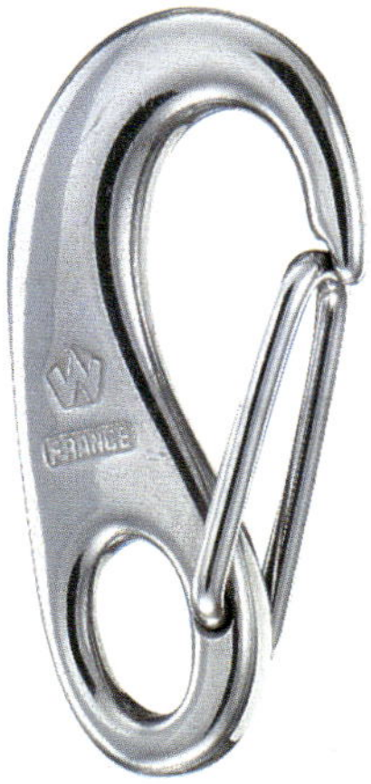

Le seau étanche

Utilisé habituellement pour les raids, le seau étanche permet de garder au sec des vêtements, de la nourriture et autres petits ustensiles de confort. S'il peut paraître encombrant à première vue, il a en tout cas sa place sur tous les bateaux. De l'appareil photo à la carte marine en passant par les sandwichs et les fusées de détresse, le seau étanche n'est pas si inutile qu'il en a l'air…

Le bout de remorquage

Le bout de remorquage est obligatoire dans toutes les embarcations. Sa longueur minimale doit être de 10 mètres et sa résistance est fonction de l'embarquement qu'il est censé remorquer. Comme son nom l'indique, il vous permettra d'être remorqué en cas d'avarie, mais aussi de remorquer vous-même un autre plaisancier en difficulté. Il peut également servir à remplacer provisoirement une drisse ou une écoute défectueuse.

La girouette

Non obligatoire, ce petit ustensile peut être d'une grande aide pour peaufiner un bord de près ou mieux percevoir la direction précise du vent. Située en tête de mât pour les dériveurs, la girouette est d'autant plus « neutre » qu'elle reçoit un vent non perturbé par le gréement. Enfin, ne cachons pas que pour les débutants, elle est d'un grand secours pour mieux appréhender la direction du vent. Sur les catamarans, on les place juste sous l'étai au sommet de la patte-d'oie. Elle est indispensable au grand largue, car elle permet de choisir l'angle de descente idéal. Elle est alors perpendiculaire à l'axe du catamaran.

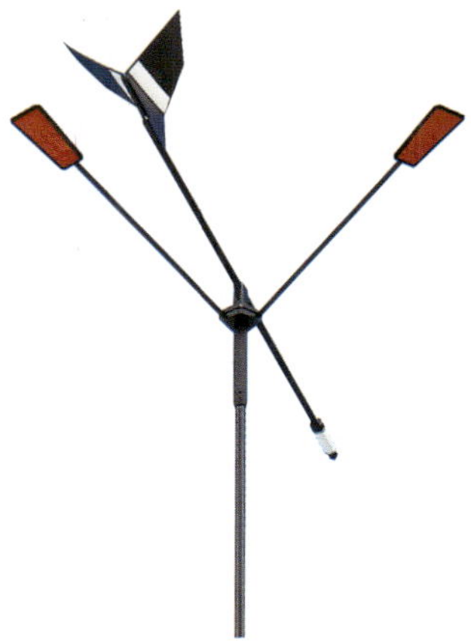

Les goupilles en inox

Deux ou trois goupilles de différents diamètres ou longueurs permettent de remplacer une ou plusieurs autres s'étant rompues par usure ou à cause d'un choc trop violent. On peut s'en passer, mais c'est tellement mieux d'en avoir…

4

La préparation du bateau

Gréement et réglages du dériveur

A l'image de nombreux autres sports où le matériel, pour être performant, se doit d'être correctement monté et réglé, un dériveur nécessite lui aussi quelques attentions particulières. Gréer son dériveur signifie l'équiper de ses voiles, de son mât, de ses haubans, poulies, etc. Avant de gréer un bateau, il faut l'armer, c'est-à-dire remettre en place tous les organes que l'on a retirés à la fin de la dernière sortie, pour ne pas qu'ils s'abîment ou qu'ils soient volés.
Le gréement du bateau se fait en fonction du type de dériveur et de la météo. Si on a le choix entre plusieurs jeux de voiles, il est bien évidemment judicieux de mettre en place les voiles dont les surfaces sont adaptées à la force du vent et au motif de la sortie (régate ou non). Mais certains points particuliers nécessitent une grande attention au moment de gréer son bateau. Voici quelques conseils qui vous assureront un gréement mieux réglé et donc de meilleures performances.

Le mâtage

Avant de chercher à mettre le mât en place sur la coque, il faut bien le préparer, c'est-à-dire mettre au clair l'ensemble des drisses et des haubans. À plat sur le sol, on place de chaque côté les drisses et les haubans en les identifiant tous. Lorsque tout est en ordre, on approche le mât de son emplanture, on fixe les haubans aux cadènes et on règle les ridoirs au plus long. On lève le mât sans mettre les pieds à l'intérieur du bateau, car sinon on risque de creuser et de trouer le fond. L'équipier d'avant tire sur l'étai et le fixe. On réglera par la suite le mât en fonction du vent, des voiles et du poids de l'équipage.

La tension de la grand-voile

Après avoir choqué le hale-bas et hissé la grand-voile – sans jamais forcer! –, bloquez la grand-voile au hook (le crochet en tête de mât qui sert à bloquer la grand-voile en position haute sans exercer de pression sur la drisse) si le mât en possède un, ou tournez la drisse au taquet. Rappelez-vous que la drisse de grand-voile sert

L'équipier guide la grand-voile dans le mât tandis que son partenaire tire sur la drisse. Il faudra ensuite mettre l'écoute au taquet ou bien bloquer la voile au hook (le crochet en tête de mât). Plusieurs systèmes existent; à vous de bien identifier le vôtre avant de faire la manœuvre.

à tendre le guindant de la voile (son côté parallèle au mât). Ainsi, plus il y a de vent, plus il sera tendu et plus le creux de la voile sera sur l'avant. Aussi n'étarquez pas comme une brute la drisse de grand-voile, mais tendez-la pour le vent le plus faible prévisible au cours de la sortie. Car ensuite, vous pourrez régler plus facilement et reprendre la tension de la grand-voile au point d'amure avec le cunningham (l'œillet situé juste au-dessus du point d'amure). Pensez à faire un marquage sur la drisse de la grand-voile, à l'aide d'un marqueur ou de chatterton, afin de repérer son point de tension normal. Attention, le réglage par le cunningham doit être modifiable en cours de navigation pour accentuer ou au contraire diminuer le creux dans la grand-voile le long du guindant. C'est entre autres grâce à lui que vous pourrez aplatir ou creuser le creux du guindant de la grand-voile. Vous ne devez plus toucher à la drisse de grand-voile au cours de la navigation.

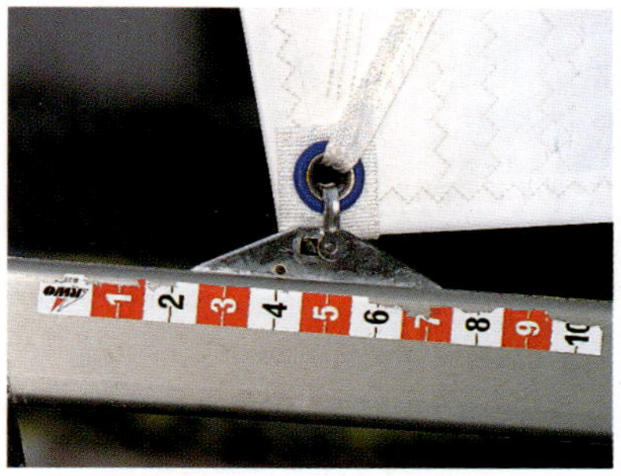

Le bout qui permet de régler la bordure peut se trouver à l'extérieur de la bôme ou bien à l'intérieur de celle-ci. Un marquage avec des repères collés sur la bôme permet d'avoir de bons repères et de pouvoir régler efficacement la tension de la bordure.

Le palan d'écoute de grand-voile
Les nouveaux dériveurs n'ont plus comme les anciens 420 et autres 470 de chariot d'écoute de grand-voile, mais une pantoire. L'écoute de grand-voile était en effet placée sur un rail qui traversait le bateau sur sa largeur, et sur lequel se trouvait un chariot où était fixé le palan d'écoute. La pantoire qui a remplacé ce chariot est constituée d'un bout ou d'un câble formant un triangle entre chaque caisson et le palan d'écoute. Une poulie dans laquelle passe l'écoute est fixée au fond du bateau, puis rejoint la bôme via une autre poulie fixée sur la pantoire. Elle permet de centrer la bôme sans trop tirer sur la chute. Elle compense également les amplitudes de réglages de la quête du mât, c'est-à-dire de l'orientation du mât en avant ou en arrière. Elle est aussi facile à mettre en place qu'un chariot d'écoute mais son utilisation et ses réglages sont simplifiés.

Le réglage de la bordure

Au niveau de la bôme, il est possible de régler le point d'écoute, qui joue sur la tension exercée sur la bordure (le bord de voile allant du point d'amure au point d'écoute). À cette fin, on fait passer un bout, appelé « bosse d'écoute », dans la bôme et on le bloque dans un taquet. La précision de ce réglage dépend bien entendu des conditions et des allures de navigation. Par vent fort, il faut étarquer au maximum pour aplatir la bordure. Plus le bout est étarqué, plus le point d'écoute de la grand-voile est reculé. Au contraire, en choquant le point d'écoute de la grand-voile sur la bôme, on accentue le creux de la voile pour des conditions de navigation par vent faible. Comme pour le cunningham, il faut pouvoir régler la bosse d'écoute lors de la navigation. Certains bateaux sont dépourvus de ce réglage, le point d'écoute de la grand-voile étant alors à poste.

La tension de l'étai

Pour s'assurer de la bonne mise sous tension du gréement, il est conseillé de reprendre la tension de l'étai. Ainsi, on va mettre sous tension le gréement grâce à la drisse de foc. Cette opération facile est véritablement importante car un gréement branlant ne donne pas au bateau les moyens d'offrir le meilleur de lui-même et peut provoquer un démâtage intempestif. De toutes les manières, un foc ne porte bien que si son guindant est droit. Il faut donc l'étarquer à fond (sauf par petit temps), même si l'étai devient mou.

Régler le mât

On effectue des réglages au niveau du mât en fonction du vent. Ainsi, avant d'aller naviguer, on peut régler l'ensemble du gréement pour qu'il soit plus performant et mieux adapté aux conditions météo rencontrées. On peut ainsi pratiquement « préformer » le mât. On va alors jouer sur la quête – la distance entre la tête de mât et le tableau arrière –, soit en le faisant pencher un peu sur l'arrière, soit au contraire en l'avançant sur l'avant. Par ailleurs, plus le mât est cintré, plus la voile est plate et donc moins elle est puissante. Pour cintrer un mât efficacement, il faut d'abord veiller à ce qu'il n'y ait aucun jeu au pied du mât. Le premier réglage – le calage longitudinal – se fait au niveau de l'étambrai, une encoche en U qui maintient le mât au-dessus du pied de mât. On peut également « travailler » son mât avec les haubans qui transmettent la tension au mât par l'intermédiaire des barres de flèche. Celles-ci sont soit « neutres », soit « poussantes » (en forme de V et orientées vers l'arrière), auquel cas elles vont pousser le mât vers l'avant, donc le cintrer proportionnellement à la tension exercée sur les haubans. On va donc régler la courbure latérale par l'intermédiaire des barres de flèche, qui cintrent plus ou moins le mât latéralement. Or la flexibilité latérale du mât détermine sa réaction à une « survente ». Le haut du mât se courbe en effet latéralement pour faire échapper le trop-plein de vent dans la voile puis, une fois la survente passée, reprend sa forme initiale. Ainsi, des équipages lourds préfèrent des barres de flèche longues car le mât fléchira moins et la voile s'effacera moins dans la survente. *A contrario*, des équipages légers préfèrent des barres de flèche courtes avec lesquelles le mât fléchira davantage et le trop-plein de puissance du vent dans la voile s'échappera plus facilement.

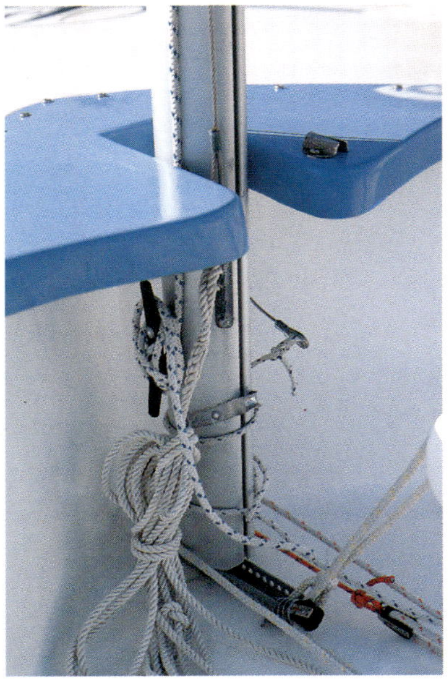

Le réglage du mât avec l'étambrai
Encoche en U au-dessus du pied de mât, l'étambrai permet de cintrer le mât : si on le bloque sur l'avant, le mât sera cintré dans le haut, la voile restera creuse dans le bas et sera alors plus puissante. Si on laisse le mât libre, on pourra le cintrer sur toute la hauteur et la voile pourra être entièrement aplatie.

Le réglage des ridoirs
Il faut toujours veiller à ce que les ridoirs bâbord et tribord aient le même réglage.

Le réglage du trapèze
Sur un bateau dépourvu d'échelles de trapèze, il faut penser à régler le trapèze en fonction des conditions de vent. Plus le vent sera fort, plus il faudra réduire la longueur du câble de trapèze afin de ne pas toucher les vagues et de ne pas se faire déséquilibrer, ce qui peut occasionner une chute à la mer et un dessalage. Le réglage du câble de trapèze se vérifie et se modifie à terre. Demandez à quelqu'un de faire contrepoids, suspendez-vous et réglez la longueur du câble de manière à être le plus à l'aise et le plus efficace possible. Vérifiez l'état du sandow qui maintient le câble dans sa position normale, et que le câble n'ait pas fait de tours sur lui-même au moment du montage. Certains trapèzes peuvent être réglables en mer grâce à un petit palan.
(À droite.)

Choisir les lattes

Avant d'aller à l'eau, il est important de choisir les lattes les plus appropriées au temps qu'il fait – à condition bien sûr de disposer de plusieurs jeux adaptés aux différents types de temps. Les lattes donnent une forme différente à la voile selon leur rigidité et les réglages adoptés. Elles aident le profil à se maintenir, mais aussi à aplatir ou creuser plus ou moins la voile. Attention, la qualité du matériau utilisé n'est pas négligeable, car les lattes auront des caractéristiques mécaniques différentes sous l'effort. La fibre de verre est plus souple par exemple que le polyester composite. Si sur un 420 le choix et le réglage des lattes ne sont pas trop importants, il n'en va pas de même sur les dériveurs nouvelle génération, équipés d'une grand-voile entièrement lattée. Les lattes forcées doivent être mises sous tension sans trop tirer de façon que la grand-voile ait son profil et son creux naturels. Ce n'est que dans des conditions de brise que les équipages légers détendent un peu les lattes pour avoir un profil plus plat.

Antidérapant
Un antidérapant efficace dans le cockpit ou sur les échelles de trapèze augmente le confort et la sécurité en navigation. Les déplacements sont mieux contrôlés, mais aussi à terme les manœuvres. Si le fond de votre cockpit est défectueux, poncez-le, dégraissez-le puis posez une nouvelle peinture antidérapante. Pour les échelles de trapèze ou sur les bords de la coque à l'endroit où vous posez les pieds, placez des scotchs avec antidérapant sur la longueur souhaitée. N'oubliez pas que votre placement au trapèze est différent en fonction des conditions de navigation.

Les penons
Vous pouvez poser des penons (des bouts de tissu ou de laine) dans vos voiles. Ils vous permettront de contrôler efficacement le réglage de vos voiles – foc et grand-voile – et de mieux comprendre l'écoulement de l'air dans vos voiles. On les place sur les lattes pour la grand-voile et près du guindant et de chaque côté pour le foc.

Des écoutes de couleur
Afin d'améliorer les performances et la rapidité des manœuvres, il est possible de placer à bord des écoutes de couleur pour faciliter leur repérage. Il suffira d'un coup d'œil pour saisir la bonne écoute, plutôt que de border une écoute prise dans un fatras de cordages au fond du cockpit, qui s'avérera finalement ne pas être la bonne…

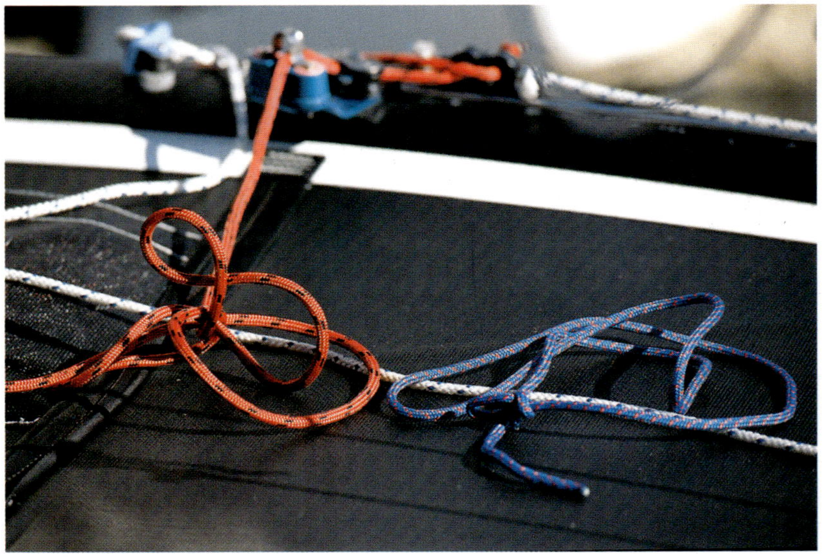

Régates et raids, des détails qui font la différence

Il est important, avant de se présenter au départ d'une régate, de connaître avec exactitude le déroulement de celle-ci et, de ce fait, la pavillonnerie utilisée par le comité de course : pavillons de série, pavillons concernant la procédure de départ... Pour vous en souvenir sans avoir à les apprendre par cœur, vous pouvez coller sur la coque, sur la bôme ou sur la poutre d'un catamaran, un tableau rappelant l'ensemble des pavillons pouvant être utilisés. Une surface blanche type Velleda, sur laquelle on note les détails des instructions de course ou des indications concernant des réglages suivant les allures et la force du vent, peut rendre de grands services une fois sur l'eau. Enfin, en raid, une boussole est un allié sérieux pour suivre un cap ou trouver une marque de parcours à virer...

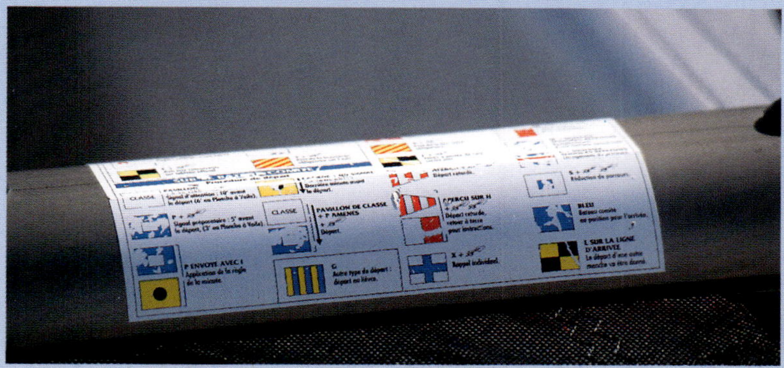

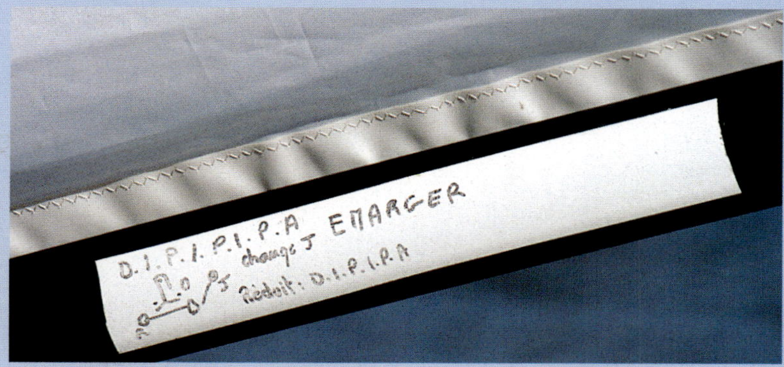

On peut également accentuer, dans des conditions de vent léger, la tension des lattes dans la voile de manière que la voile prenne le creux recherché que le vent ne peut apporter... Enfin, dernier truc, certains équipages dans des conditions de brise placent des lattes plus raides en tête de voile (les trois dernières). Cela permet d'aplatir la tête de la voile et de laisser la chute – le plus long côté de la voile – s'ouvrir.

Une dérive bien calée

Le système de fonctionnement de la dérive est important. Un bon glissement dans le puits mais aussi un bon calage de la dérive optimise les performances du bateau et préserve l'état de votre puits de dérive. Il n'est pas rare de voir des dérives mal calées qui ont, sous le fait de chocs répétitifs, fendillé le puits de dérive. À terme, celui-ci peut céder et favoriser l'arrivée d'eau dans le cockpit. Un bateau peut couler ainsi !

Les sangles de rappel : neuves ou d'origine ?

Les sangles d'origine peuvent-elles être changées pour perfectionner la navigation ? Oui... et non. Cela dépend du bateau. Le 420, qui existe depuis longtemps, n'est plus vraiment perfectible dans le sens où toutes les « trouvailles » y ont été testées. C'est à vous d'adapter les sangles à votre morphologie et de définir, à la suite de nombreuses sorties, l'angle de fixation de celles-ci pour votre confort maximal. Par gros temps, on peut les relâcher davantage afin d'avoir une marge de rappel plus importante.

Entretien et réparation du dériveur

L'entretien courant est primordial pour la longévité, les performances et la sécurité de votre bateau. Après chaque sortie, mais aussi avant chaque départ, plusieurs opérations d'entretien sont impératives.

Le rinçage après chaque sortie

De retour d'une sortie, le bateau doit être nettoyé et rincé à l'eau claire. Il faut vraiment le vider complètement pour extraire toutes les scories – sable, vase, sel… – qui auront pu s'y déposer. Les caissons (dont les bouchons sont à l'arrière) seront ouverts pour leur permettre de « respirer » et de se vider, car l'eau accumulée dans ces caissons provoque au soleil des gonflements et des déformations. Si on laisse les caissons fermés en plein soleil, des micro-fissures peuvent apparaître au niveau des jointures coque-pont et laisser la porte ouverte aux prises d'eau. C'est un problème que l'on rencontre régulièrement sur les vieux 420.

Il faut également rincer avec attention tous les éléments d'accastillage. Là aussi, rincez parfaitement et enlevez tout le sel. Si vous avez un chariot – les vieux 420 en sont équipés –, n'hésitez pas à le nettoyer avec la pression d'un jet. Sortez l'écoute de grand-voile et retirez minutieusement les grains de sable dont elle est chargée.

Veillez aussi à bien rincer l'intérieur du puits de dérive car c'est un endroit qui ramasse beaucoup de sable, lequel peut bloquer l'action de la dérive dans le puits et a également tendance à faire sauter le vernis. Des rayures importantes sur une dérive

Réparer la coque

En cas d'éclats de gel-coat ou de fibre sur la coque, des réparations s'imposent. Un peu de tissu et de résine feront l'affaire. Des kits de réparation sont disponibles chez la plupart des détaillants. Leur utilisation est relativement simple à condition de bien lire le mode d'emploi. Si vous devez effectuer ce genre de réparations, faites-les de préférence par un temps ensoleillé et sec afin de favoriser le durcissement définitif des résines utilisées. Assurez-vous aussi que la partie à réparer est totalement sèche et propre.

Une fois le tissu et la résine posés, il faut tout poncer au papier à l'eau ; les mastics sont en général colorés de façon à repérer les différentes couches au moment du ponçage.

L'hivernage
En fin de saison, au moment de ranger le bateau pour l'hiver, il faut tout rincer à fond et même l'intérieur du mât, qui aura accumulé divers dépôts au fur et à mesure des sorties. Retournez le bateau et aérez-le au maximum. Enlevez les bouchons des caissons ainsi que les trappes qui se trouvent sur les côtés. Placez le bateau de préférence sur des pneus, eux-mêmes protégés par des sacs poubelle afin d'éviter de marquer la coque. L'usage des pneus est important car leur extrême souplesse empêche la coque de se déformer. Le bateau restant longtemps sur les mêmes appuis, on évite ainsi les enfoncements de caissons. L'hivernage sous abri est aussi conseillé car il protège le bateau de la chute de feuilles, voire de résines de pin dans certaines régions.

accentuent les phénomènes de frottement et créent de minuscules turbulences qui peuvent freiner considérablement le bateau.

L'entretien des voiles ne doit surtout pas être négligé. Pour que les voiles conservent toute leur efficacité, il faut les rincer à l'eau douce après chaque utilisation, même si on n'a pas chaviré, car les embruns et l'air marin déposent une fine couche de sel invisible. À terme, ce sel brûle les tissus et les fils de couture des voiles. Essayez d'étendre les voiles dans un endroit sec et aéré, afin de favoriser leur séchage. Une fois pliées ou roulées, elles peuvent être stockées dans des sacs prévus à cet effet. Mais attention, il faut toujours vérifier que ces sacs ne sont pas perméables car ils risquent de causer des moisissures.

N'oubliez pas qu'une voile coûte excessivement cher. Aussi, même si la vôtre n'est pas au mieux de sa forme, bichonnez-la. Et puis, rien ne vous oblige à changer vos voiles. Vous pouvez tout simplement les faire retailler par un maître voilier. Cette opération peu onéreuse est comparable à un lifting : on coupe et on retend de façon à faire disparaître les creux et les poches. Mais une voile ainsi réparée n'aura jamais les performances d'une voile neuve.

La reprise de la saison

Avant la reprise de la saison, il faut « déshiverner » le bateau. Nettoyez entièrement la coque avant de la retourner. Essayez de repérer toutes les fissures ou égratignures. S'il y en a, on peut les boucher en passant un mastic étanche au grain très fin se rapprochant des mastics de carrosserie.

En option, vient ensuite un petit coup de peinture en bombe. Entre chaque couche, on peut poncer au papier très fin à l'eau, très doucement pour avoir une bonne accroche. Puis un coup de polish sur toute la coque lui donnera une nouvelle jeunesse. Il existe plusieurs types de produits ; les polish pour carrosseries de voitures sont peu onéreux et très efficaces. Passez-en deux couches.

Gréement et réglages du catamaran

Comme pour les dériveurs, l'utilisation d'un catamaran ne laisse rien au hasard. Alors, avant de vous jeter à l'eau, contrôlez et vérifiez assidûment votre embarcation. Mieux armer et gréer son catamaran, c'est s'assurer d'avoir un bateau performant qui répondra dans les moindres détails à vos attentes et à vos manœuvres. Ces étapes parfois contraignantes, mais à terme passionnantes, vous permettront aussi de mieux connaître votre catamaran. Aussi n'hésitez pas à lui consacrer du temps à terre. Certains conseils donnés pour les dériveurs sont aussi valables pour les catamarans ; alors, lisez les conseils du précédent chapitre. Vous trouverez ici des conseils spécifiques et complémentaires pour les catamarans.

La tension du trampoline

En comparant le Hobie Cat 16 au Tornado, on se rend compte qu'il existe des différences majeures selon les types de catamarans. Ainsi, le Hobie Cat 16 est un bateau qui tient en grande partie grâce à son trampoline, encadré par deux petites coques peu volumineuses sur lesquelles on fixe les poutres en forme de carré. Sans trampoline, si une coque se soulevait, l'autre resterait à plat. Il y a donc beaucoup de souplesse entre les deux coques. Une fois le trampoline installé, on va pouvoir jouer sur sa tension par l'intermédiaire du transfilage pour rigidifier plus ou moins l'ensemble du bateau. Cette opération, qui consiste à tendre fermement mais surtout de façon régulière les sandows élastiques du trampoline, est déterminante pour le déroulement de votre sortie. Il est donc important de rigidifier au mieux le corps du catamaran. Sur un Tornado, ce facteur joue moins car le système est différent. Ce catamaran a deux énormes coques sur lesquelles sont installées deux grosses poutres (avant et arrière) fixées directement les unes aux autres. Le trampoline participe donc moins à la rigidité du bateau.

Un examen minutieux du sandow doit être effectué avant chaque début de saison... La tension, le soleil, l'eau salée mais aussi les frottements l'usent à terme et il peut céder en cours de navigation...

Le réglage du mât

Un gréement bien réglé est le garant d'un confort de navigation optimal, de meilleures performances et d'une plus grande sécurité car il y aura moins de risques de démâtage. Les mâts de catamarans sont assez faciles à régler, sachant que l'on cherche presque toujours à avoir une quête arrière plus ou moins importante en fonction des conditions de vent et du poids de l'équipage. Il faut savoir que le catamaran n'est pas un bateau permettant de faire un très bon cap au près. Pour compenser, on règle le bateau de façon qu'il gagne le plus par rapport à cette allure ; on cherche à le rendre plus ardent qu'il n'est, en jouant sur sa quête arrière. Si on règle le gréement en avant du centre de carène, on aura ce que l'on appelle un bateau « mou », c'est-à-dire qui aura tendance à abattre (à s'éloigner du sens du vent). Décalés sur l'avant, les creux rendront le bateau volage et moins contrôlable aux

La bonne tension du gréement
Après avoir hissé la grand-voile et l'avoir bloquée au hook, il faut vérifier la tension du gréement, voire régler la quête du mât en fonction des conditions de navigation. La quête du mât se modifie en changeant le réglage des haubans sur les ridoirs et celui de l'étai sur la latte ridoir qui peut équiper certains catamarans. Il faut savoir qu'un catamaran a besoin d'une tension minimale assez importante pour assurer une bonne rigidité à l'ensemble mât-poutres-trampoline-coques. Par petit temps le gréement devra être moyennement ferme, par vent médium il devra être tendu, et dans la brise il devra être très tendu. Comment procéder ?
Il faut border l'écoute de grand-voile et déplacer le chariot d'écoute à une extrémité du rail. Le hauban côté chariot va mollir ; réglez-le en raccourcissant la longueur du hauban à un (ou plusieurs !) trou (s) plus bas sur le ridoir. Répétez l'opération sur l'autre bord. Veillez à toujours régler les deux côtés à la même tension. Vous pouvez les entourer d'adhésif par mesure de sécurité.
Pensez toutefois qu'exercer une forte tension sur le gréement pourrait empêcher le bon pivotement du mât…
Il faut en fait trouver le juste équilibre en partant de ces bases et faire différents réglages et tests sur l'eau.

allures de portant. Le catamaran peut même devenir « imbarrable » et incontrôlable. Si on place le mât – le centre vélique – droit par rapport au centre de carène, on aura un bateau dit « neutre », mais dont l'assiette longitudinale pourra s'avérer difficile à maîtriser et qui sera malaisé à barrer sous certaines allures. Il faut donc régler la quête arrière du mât, en sachant qu'un équipage lourd demande une inclinaison moindre qu'un équipage léger dans les mêmes conditions de vent.

La tension du gréement

Un autre réglage déterminant est celui de la tension du gréement, qui est pratiquement identique sur les dériveurs et les catamarans. Le principe est de tendre la drisse de foc pour mettre le gréement sous tension. La différence, c'est que le mât des catamarans comporte un « capelage », c'est-à-dire un point central sur lequel viennent se fixer tous les câbles (haubans, trapèze, étai). C'est un mât pivotant, de forme aérodynamique, qui va en fait basculer pour améliorer l'écoulement de l'air sur la voile – donc, très souvent, les mâts sont sollicités en rotation et également en compression. Comme le gréement ne tient qu'à un seul endroit, le capelage, il est réglé en une fois, dès que la drisse de foc est tendue.

Attention aux croisements...

Le palan d'écoute de grand-voile est très important sur un catamaran. Il doit être très puissant car la grand-voile se trouve très souvent bordée à fond. La majeure partie des réglages se fera alors grâce au rail d'écoute de grand-voile, que l'on déplacera en fonction des allures. Il ne faut pas perdre de vue que les manipulations de l'écoute de grand-voile permettront de maintenir l'équilibre latéral du bateau, au cas où les équipiers seraient dépassés par les événements… Aussi, un palan d'écoute de grand-voile sur un catamaran comporte six ou huit brins. Il faut éviter lors du montage qu'ils ne se croisent, car sinon l'écoute pourrait se coincer et se bloquer, ce qui assurerait un dessalage certain…

Avant de partir, il faut impérativement vérifier s'il n'y pas de croisements au niveau du palan d'écoute de grand-voile.

Le contrôle de la rotation du mât

Un mât de catamaran est pivotant et orientable afin de limiter au maximum les turbulences et de favoriser l'écoulement de l'air vers la voile et son creux. Aussi, il faut vérifier avant de prendre la mer que le mât pivote bien et qu'il n'est pas nécessaire de trop le solliciter… à grands coups de pied! Attention, il faut que le mât reste contrôlable, c'est-à-dire que l'on puisse, suivant les allures, limiter ou forcer sa rotation. Certains catamarans sont équipés d'un levier de rotation qui permet de régler la rotation du mât par rapport à la bôme. Il suffit pour cela de border ou de choquer un bout placé sur le mât ou de chaque côté du bateau, à portée de main du barreur qui peut le border ou le choquer sans avoir à se déplacer. Le contrôle de rotation permet en effet d'agir sur la forme de la voile et donc sur sa puissance. Par exemple, dans la brise, il faut bloquer le bout dans le prolongement de la bôme afin d'augmenter la compression sur le mât. Cela aura pour effet d'ouvrir la chute et donc de permettre au trop-plein de vent de s'échapper. L'équipage tiendra ainsi un peu plus longtemps son bateau trop toilé.

Le contrôle des safrans et des dérives

À terre, il faut également s'assurer du parallélisme des safrans afin de favoriser la bonne pénétration de ces derniers dans l'eau. Le moindre écart ralentira le bateau et perturbera également la barre, qui vibrera et deviendra dure. À certaines vitesses, le bateau sera même difficile à tenir… Pour vérifier les safrans, il suffit de monter le bateau, de le déposer sur des tréteaux et d'effectuer différentes mesures avec une règle, comme la distance entre les safrans et le bord d'attaque (avant) et le bord de fuite (arrière). Vous devez bien sûr retrouver les mêmes distances pour chaque safran. Si ce n'est pas le cas, dévissez la vis de la barre d'accouplement, réglez-la et revissez. Il faut également s'assurer que les safrans, comme les dérives, soient bien profilés et n'aient pas d'anomalies. Dans le cas contraire, les moindres petits chocs mal réparés occasionneraient un défaut de l'écoulement laminaire; très vite, des poches d'air se formeraient, ce qui ralentirait le bateau et le rendrait moins manœuvrable. Vérifiez également que les dérives (sabres ou pivotantes) sont bien dans l'axe des safrans.

Le réglage des safrans

On peut régler l'inclinaison des safrans vers l'avant ou vers l'arrière, ce que l'on appelle leur « angle de compensation ». Cela permet d'obtenir une barre plus ou moins douce. Plus le safran est sur l'arrière, plus la barre est dure, et réciproquement. Mais la compensation d'un safran se règle différemment sur chaque bateau et selon chaque quête de mât. Comment procède-t-on? La tête de chaque safran – la partie métallique qui vient se bloquer sur l'arrière de la coque – comporte une petite butée en téflon que l'on peut visser ou dévisser, pour faire avancer légèrement le safran ou au contraire le faire reculer dans sa position de

Un mât de catamaran est profilé, pivotant et orientable, grâce à la rotule sur lequel il est posé. On peut le régler en utilisant le levier de rotation fixé sur le mât, qui permet de profiler le mât en forçant ou en limitant sa rotation.

On trouve sur la tête de chaque safran une petite vis qui sert à régler son « angle de compensation », c'est-à-dire son inclinaison vers l'avant ou vers l'arrière. Le réglage parfait ne peut être obtenu qu'après plusieurs essais, et il diffère selon le type de bateau utilisé, mais aussi suivant le poids de l'équipage. À vous de trouver le vôtre. Pensez surtout à adopter le même réglage pour les deux safrans, sans quoi le bateau n'aura pas le même comportement si vous naviguez tribord ou bâbord amure.

navigation, c'est-à-dire verticale. Une fois que les deux côtés sont bien réglés, on ne sent pratiquement plus son bateau, on fait corps avec lui. Il devient très « doux ».

Le réglage du guignol (ou losange)

Sur les mâts assez hauts, il est possible de trouver un guignol, ou losange, que l'on peut régler avec les deux ridoirs placés au pied du mât. On peut contrôler le cintre du mât avec ces deux ridoirs, mais les réglages vont être différents en fonction de la forme des barres de flèche choisies (reportez-vous aux explications du réglage du mât du dériveur page 70).

Dans le cas de barres de flèche neutres, c'est-à-dire perpendiculaires au mât, plus on étarque le guignol, plus le mât est maintenu en position latérale, donc moins on l'empêche de se cintrer. Le résultat est que la grand-voile ne déverse pas, et est la plus propulsive possible. En résumé, dans les vents faibles à modérés, il faut étarquer, tandis que dans la brise, il faut choquer le guignol pour faire déverser la grand-voile.

Avec des barres de flèche poussantes, plus on étarque le guignol, plus les barres de flèche poussent sur le mât et plus on cintre le mât longitudinalement. La voile devient plus plate et chasse donc le trop-plein de vent. En résumé, dans la brise, il faut étarquer, tandis qu'avec peu de vent, il faut choquer pour redonner du volume à la grand-voile et garder le mât droit.

Le choix des barres de flèche est donc très important. En général,

Plus les mâts sont hauts, plus on a de chance de trouver des barres de flèche et donc un losange. On règle sa tension grâce aux deux ridoirs placés au pied du mât, qui agissent directement sur la forme du mât en fonction du type de barres de flèche (neutres ou poussantes) qui équipent le bateau.

on choisit des barres de flèche neutres sur un mât souple et des barres poussantes sur un espar raide. Attention également à la coupe de la grand-voile et à l'importance du creux du guindant, qui sont également déterminants dans le choix des barres de flèche…

Des détails qui comptent

Les pratiquants savent déjà qu'un stick trop souple est un vrai problème à certaines allures, car il se tord sous la pression des safrans, ce qui rend les manœuvres difficiles à contrôler. Aussi, il n'est pas un luxe d'adapter sur son bateau un stick en carbone qui sera d'une rigidité exemplaire.

Une girouette sous l'étai au sommet de la patte-d'oie est également très utile, voire indispensable au grand largue. Elle permet de signaler l'angle de descente idéal par rapport au vent. Son indication est bonne lorsqu'elle est perpendiculaire à l'axe du catamaran.

Les sangles de rappel sont très sollicitées par le barreur sur certaines unités comme le Dart 18, où seul l'équipier est au trapèze. Aussi, elles ne doivent pas être trop tendues, sans être lâches pour autant. Le pied ne doit pas avoir à les chercher et le barreur doit les trouver quasi naturellement. Un réglage s'impose à terre.

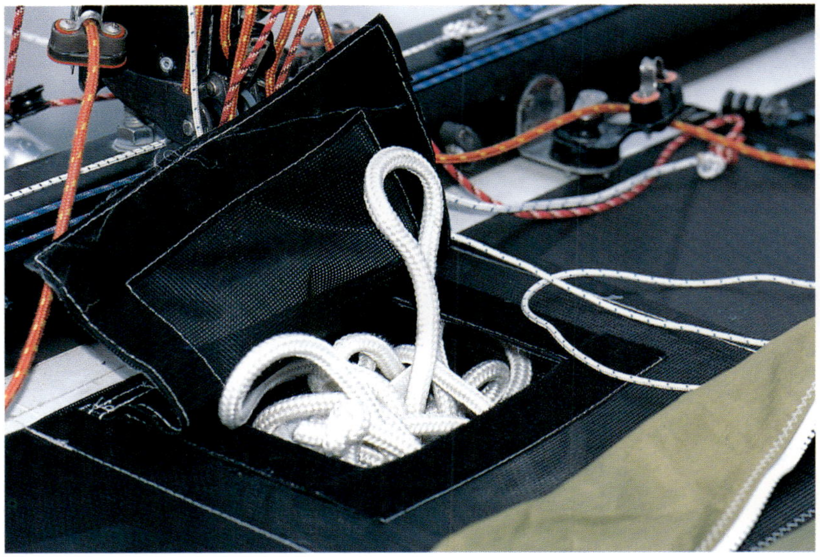

Avant de partir, il faut que le trampoline soit « propre », c'est-à-dire que les bouts et les cordages inutiles ne doivent pas traîner. Une poche fermée par du velcro au pied du mât permet de ranger les drisses mais aussi le bout de resalage. (Ci-contre.)

Entretien et réparation du catamaran

Tous les catamarans connaissent un jour ou l'autre des problèmes d'infiltration d'eau dans les coques, surtout quand le bateau prend un peu de bouteille. Et il n'est pas rare d'apercevoir des microporosités sur les jonctions pont-coque ou poutre-coque. Sur un vieux catamaran, il est préférable de refaire les joints tous les ans.

La plupart des catamarans qui sortent des chantiers ont des mâts étanches. Par exemple, sur le Hobie Cat 16, toutes les drisses passent à l'extérieur. Les trous qui ont pu être réalisés dans le mât – notamment pour y mettre le câblage – sont étanchéifiés au moment de la pose de la pièce, qui est rivetée. Mais quand le bateau vieillit, il faut surveiller l'état des rivets car l'aluminium s'oxyde très vite sur l'inox, et si le besoin de les changer se fait sentir, il faut en profiter pour refaire l'étanchéité.

L'entretien courant

L'entretien des coques est sensiblement le même que celui des dériveurs. Il ne faut pas hésiter à gratter les anciens joints, à les changer, à bien faire sécher son bateau quand on le rentre et à tout rincer au maximum.

Sur les catamarans, il y a des gros systèmes de palans d'écoute de grand-voile. Ces écoutes doivent être changées très souvent parce qu'elles subissent continuellement de gros efforts qui les usent rapidement. Pour le reste, l'entretien est des plus classiques.

L'axiome de base est que, pour éviter d'avoir à réparer son bateau, il faut y faire très attention à tout moment. Cela commence bien sûr par la mise à l'eau. Il faut limiter tous les frottements, ne pas laisser traîner le bateau dans le sable, ne pas s'asseoir dessus quand il est à terre… Tous ces petits paramètres qui peuvent sembler anodins au premier abord sont en fait les garants de la bonne santé de votre bateau et vous éviteront une succession de petites réparations qui finiront par l'user et l'enlaidir.

Les petites réparations

Vous pouvez réaliser par vous-même la plupart des travaux. Les réparations sont relativement simples et ne nécessitent pas forcément un renvoi en chantier. Les petits bobos du trampoline se règlent généralement par du fil et une aiguille. Pour la coque, si elle est en époxy, il suffit de prendre de la résine d'époxy chargée avec du microballon.

L'entretien des voiles reste le même que pour les dériveurs. Mais sur les catamarans, il faut toujours faire attention aux goussets, et notamment aux goussets de la tête. Il est souvent nécessaire de les resserrer car les lattes finissent généralement par passer au travers, et de mettre des petits renforts sur la ralingue au niveau des goussets de la tête.

La fin de saison approche, aussi il faut préparer son catamaran à hiverner. Enlevez la bôme, le trampoline, l'ensemble de l'accastillage (poulies, drisses, chariot d'écoute de grand-voile…), et posez le catamaran sur des pneus. (En haut.)

Un sac « magique » doit toujours vous accompagner avec du bout, des manilles, des poulies mais aussi des outils comme un couteau multifonctions de type Leatherman, ou encore du ruban adhésif…
(Ci-dessus.)

5

Manœuvrer son bateau

Les allures

On regroupe sous le terme d'allures l'ensemble des positions adoptées par le bateau par rapport au vent – vent de face, vent de travers, vent arrière… Tout ce qui flotte avec une voile a ce que l'on appelle une zone interdite : c'est le vent debout – le vent contraire à la direction du bateau –, qui interdit toute progression.

Les allures

Il existe deux grandes familles d'allures : les allures de près et les allures portantes, ou de portant. Les allures de près consistent à placer les voiles perpendiculairement au lit du vent. Elles regroupent le près serré (au plus près de l'axe du vent), le près bon plein (avec les voiles bien gonflées, pour prendre de la vitesse) et le près au vent de travers. Les allures portantes regroupent quant à elles le largue, le grand largue et le vent arrière. Le vent largue est oblique par rapport à l'axe longitudinal du navire, et le grand largue est un vent intermédiaire entre le largue et le vent arrière.

Quelles allures pour quels bateaux ?

Suivant ces allures, on va bien sûr adopter des réglages de voiles différents, mais aussi des réglages de certaines pièces spécifiques comme le mât, le hale-bas ou l'étai. Ces réglages, qui peuvent paraître fastidieux, ne font que favoriser le confort à bord et, bien sûr, augmentent la vitesse du bateau. Mais tous les bateaux, et plus particulièrement les dériveurs, n'ont pas les mêmes caractéristiques suivant les allures…

Le champ d'application d'un dériveur est important, mais il donnera le meilleur de lui-même sous certaines allures. Sous d'autres, il sera réellement moins performant. Certains bateaux, comme les 420, n'ont pas d'allures de prédilection, ce qui est un avantage certain. La polyvalence des 420 a séduit bon nombre de navigateurs. Il a équipé et équipe toujours de nombreuses écoles de voile… Aujourd'hui, certains nouveaux dériveurs, qui étaient au début difficiles à maîtriser, peuvent attirer de nouveaux pratiquants, comme le Philéas ou le Buzz, et proposent un programme de navigation pouvant satisfaire un amateur comme un néophyte. Avec leur coque planante, leur pont dépouillé et assez clair, leurs réglages simples et les fortes sen-

Foc et grand-voile bordés au près, spi asymétrique envoyé, foc et grand-voile choqués au largue… Les réglages des voiles se font suivant les allures mais aussi en fonction de la force du vent sur le plan d'eau.

sations qu'ils sont capables de créer sous spi asymétrique… ils peuvent faire chavirer le cœur de bon nombre de débutants, qui sont grisés par la vitesse comme s'ils étaient sur un 49er en pleine sélection olympique !

Tous les bateaux flottent, avancent, utilisent le vent… Mais certains mieux que d'autres offrent un comportement parfait avec une direction de vent donnée. On le sait : tel bateau remontera mieux au vent, tel autre assurera un louvoyage plus précis, tel autre sera imbattable au grand largue. Certains lofent (remontent au vent) mieux, d'autres abattent (s'éloignent du sens du vent) quasi naturellement… Cela tient à la forme de la coque, au « centre de dérive » ou au « centre de voilure » du bateau. Chaque bateau a des caractéristiques de navigation qui lui sont propres, même si l'on retrouve toujours les mêmes types de réglages et de manœuvres. Pour mettre au point les bons réglages de son bateau, il faut pratiquer, répéter les manœuvres, sentir à la barre les réactions en déplaçant le point de tire du foc, regarder les réglages des autres et naviguer dans toutes les conditions de temps et sous toutes les allures. Aujourd'hui, avec les nouveaux dériveurs, le spi est à la portée de tous. Profitons-en !

Barrer un dériveur

Le premier contact avec un dériveur est très souvent le bon. Il incarne pour beaucoup de futurs navigateurs les prémices d'une passion sans bornes. On est vite charmé par l'aisance de ses évolutions, la simplicité de ses réglages et le plaisir contemplatif qu'il procure. Mais passé l'instant de la découverte, on se rend vite compte que malgré sa petitesse, le dériveur nécessite une attention constante et des finesses techniques qui s'appréhendent au gré du temps – ce qui confère à sa pratique un plaisir sans cesse renouvelé…

Se déplacer en utilisant la force des éléments est un art qui impose un minimum de savoir-faire. La voile s'apprend. On peut profiter de son don d'observation, mais il n'en demeure pas moins que la voile nécessite un minimum de théorie. Certains seront plus doués que d'autres parce qu'ils sentent mieux les choses, mais la technique et la tactique peuvent aussi s'acquérir par la formation auprès de spécialistes.

Du bon équilibre…

Avant de prendre le large, il est très important de connaître les réactions de son bateau et les interactions entre les différents éléments dont il est composé. Du bon équilibre du bateau dépendront ses performances mais aussi le confort de la navigation. Le « centre de voilure » est l'ensemble des voiles, placé théoriquement au milieu du premier tiers de la grand-voile. Le centre de dérive est constitué des éléments que sont la dérive et le safran. La somme de ces forces peut être représentée par une force unique s'exerçant en un point, le centre de dérive, situé théoriquement légèrement derrière la dérive. Pour bien comprendre l'importance et le rôle de chacun des éléments du centre de dérive, il faut enlever le safran. Vous pouvez encore diriger votre bateau juste en réglant les écoutes. Pour abattre – pour vous éloigner du sens du vent –, il suffit de faire avancer le centre de voilure en réglant correctement le foc et en choquant à fond la grand-

Le barreur est le patron à bord d'un dériveur. Le stick de la barre dans une main, l'écoute de grand-voile dans l'autre, il doit également assurer l'équilibre du bateau tandis que l'équipier envoie le spi debout dans le cockpit. Rapide, vigilant et « acrobate », il faut avoir un œil sur tout pour profiter au maximum des sensations offertes par le bateau.

voile. Pour lofer, il faut border la grand-voile et choquer le foc. Ces exercices, qu'il faut avoir pratiqués, prouvent qu'un bateau bien équilibré et bien réglé se manœuvre plus rapidement et plus confortablement, sans avoir à exercer de violents coups de barre qui ne feront que ralentir et déséquilibrer le dériveur.

La recherche de la bonne posture

Qu'on soit barreur ou équipier, il y a toujours une position idéale à prendre sur un dériveur, afin d'augmenter ses performances mais aussi de se sentir le plus à l'aise possible. Cette posture est loin d'être instinctive. Souvenez-vous de vos débuts, lorsque vous aviez toujours tendance à vous mettre trop à l'arrière du bateau... Pour éviter cela, il existe un certain nombre de règles qui sont, comme vous pourrez le constater vous-même, très logiques. À l'arrêt, il faut centrer ou bien répartir les poids. Aux allures de près, les corps doivent être avancés et groupés dos au vent pour compenser la force du vent dans les voiles, qui fait gîter le bateau. Au portant, il faut reculer les corps de manière à soulever l'étrave du bateau pour éviter l'enfournement et compenser la force du vent qui pousse le bateau vers l'avant et a tendance à soulever l'arrière... La recherche de la bonne posture à bord se travaille constamment et se fait aussi en fonction de la force du vent, de manière à optimiser le plus possible l'assiette du bateau.

L'assiette du bateau

Sur les dériveurs nouvelle génération, il est préférable de naviguer « à plat », car ils n'en seront que plus rapides. Sur un 420, c'est la même chose, mais on peut le faire légèrement gîter quand on a peu de vent afin de réduire sa surface mouillée (sous l'eau) et ainsi d'aller plus vite. Le reste du temps, la gîte va provoquer des effets très gênants. Sur un 420, voire sur un Laser 4 000, lorsque le bateau n'est plus dans ses lignes d'eau, sa surface immergée se modifie et prend très souvent une forme bananée qui va le faire considérablement lofer (remonter au vent). Plus on va le faire gîter, plus il aura tendance à lofer. Et plus on va agir sur le safran, plus on va freiner le bateau. L'effet de dérive va aussi s'amplifier dans la mesure où la pression qui s'exerce sur la dérive va augmenter.

Barrer avec son corps

Il faut limiter au maximum les mouvements de safran, car il freine le bateau en déviant les filets d'eau – comme tout solide qui pénètre dans un fluide. À chaque fois qu'on va donner un coup de barre, on va perturber le système d'écoulement des eaux, donc freiner le bateau, même si on est en écoulement laminaire (fluide) sur ces parties immergées. Pour éviter ce genre de problème – particulièrement en compétition –, on va jouer sur les déplacements de l'équipier, voire de tout l'équipage.

L'assiette du bateau est optimale : le bateau est plat, les équipiers sont légèrement sur l'avant de l'échelle de trapèze au près pour augmenter la surface anti-dérive du bateau, et se reculent au portant pour soulager l'étrave et s'appuyer sur les formes arrières plus planantes du bateau.

Sur un bateau comme le Laser 4000 ou comme le 49er (Fourty-Niner), on peut avec de l'expérience barrer son bateau uniquement en déplaçant le poids de son corps. Le haut et le bas du corps sont dissociés : le bas va rester pratiquement fixe, pour servir de lest, tandis que le haut bougera vers l'avant et vers l'arrière. Quand il ira vers l'avant, on abattra. Quand il ira en arrière, on lofera. C'est exactement le même principe que pour la planche à voile. Quand on effectue un virement bascule, on fait gîter son bateau et on profite du lof naturel du bateau pour virer. À ce moment-là, on n'utilise pratiquement plus son safran pour la recherche de vitesse. Cette technique est valable sur tous les dériveurs.

Virer de bord, empanner, envoyer ou affaler un spi… Il suffit en définitive de maîtriser assez peu de manœuvres pour « s'éclater » sur l'eau, et ces bases sont les mêmes pour l'ensemble des monocoques, qu'ils soient petits ou gros…

Le virement de bord

Le virement de bord est une manœuvre qui fait passer d'une amure à une autre, en passant par le redoutable secteur du vent debout (de face). Le barreur prévient l'équipier de l'imminence de la manœuvre. L'équipier contrôle le relatif bon ordre du fond du cockpit : les écoutes sont claires, les taquets opérationnels, le câble de trapèze opposé est prêt. Le barreur lance alors le traditionnel « Paré à virer ! ». L'équipier passe de sa position au trapèze vers l'intérieur du bateau tout en choquant légèrement le foc pour faciliter la manœuvre. En même temps, le barreur annonce « On vire ! » et lofe (pousse la barre au vent) progressivement sans donner d'angle excessif au safran pour ne pas freiner le bateau. Au moment où le bateau passe dans l'axe du vent, les deux navigateurs passent sous la bôme sans à-coups. Le barreur s'occupe de sa barre, abat un petit peu plus que son allure de près pour ne pas perdre de vitesse, puis recale le bateau dans l'axe du vent. L'équipier, lui, change le foc d'amure en évitant de le border à plat suite au virement, car le but est de relancer l'embarcation pour lui redonner de la vitesse. Le foc ne doit pas faseyer lors de la manœuvre. L'équipier remonte au trapèze pour compenser l'angle de gîte pris par le bateau et règle le foc en fonction du cap et de l'allure suivis – soit un près serré (plus près de l'axe du vent), soit un près bon plein (qui privilégie la vitesse). Il met l'écoute de foc au taquet, mais la garde à la main et se concentre sur l'équilibre du bateau. Le barreur, qui a pu choquer un peu

la grand-voile pour relancer le bateau, se cale sur le cap à suivre et règle sa voile. Il la met au taquet, monte au trapèze et se concentre sur le cap tout en gardant l'écoute dans la main.

Le virement bascule

Le virement bascule est une technique employée en régate par petit temps. Il consiste à utiliser la gîte pour virer plus vite et créer une relance plus énergique. Les deux équipiers au rappel entament la manœuvre de virement et donnent un coup de reins en arrière afin de conférer un angle de contre-gîte au bateau. Le bateau passe dans l'axe du vent, et la grand-voile et le foc se gonflent sur l'autre amure d'autant plus facilement que l'angle de gîte favorise la rotation du bateau. Les équipiers reprennent leur position au rappel et remettent le bateau à plat pour favoriser la relance.

Les erreurs à éviter lors du virement de bord :

• *Effectuer la manœuvre sans vitesse.*
Le bateau doit virer sur son élan. Mais prendre un peu de vitesse en abattant légèrement avant la manœuvre peut être efficace dans du vent léger.

• *Choquer le foc avant que le bateau n'ait passé l'axe du vent.*
Le bateau perdrait alors de la vitesse et aurait plus de difficulté à virer.

• *Garder le foc à contre.*
Si cela peut aider le bateau à virer plus vite, le garder trop longtemps sur le mauvais bord déséquilibre le bateau et lui fait perdre de la vitesse.

• *Choquer la grand-voile à fond au moment du virement.*
On peut la choquer légèrement après le virement de manière à relancer le bateau.

• *Les coups de barre violents, les angles de gîte importants, les rentrées et les sorties de trapèze trop brusques…*
Plus on navigue dans des conditions légères, plus les mouvements à bord et les manœuvres doivent être douces et coulées.

• *Faire passer le stick côté intérieur.*
Il serait irrémédiablement bloqué par l'écoute de grand-voile. Il doit passer extérieurement (vers l'eau) au moment du virement de bord.

L'empannage

Sur les dériveurs traditionnels, l'empannage sous spi était une manœuvre « à risques » du fait du passage du tangon d'un côté du mât sur l'autre. Mais avec les dériveurs nouvelle génération équipés d'un bout-dehors et d'un spi asymétrique, l'empannage est d'une relative simplicité. Tout est une question de synchronisation. Le barreur annonce la manœuvre. L'équipier au trapèze contrôle les écoutes d'un rapide coup d'œil. Ensuite, les tâches se répartissent comme suit : le barreur s'occupe de sa grand-voile, l'équipier du spi. L'équipier, qui a dans la main l'écoute bordée du spi, prend dans sa main libre l'écoute opposée. Il enlève du taquet l'écoute bordée tandis que le barreur entame l'abattée tout en bordant progressivement l'écoute de grand-voile. Une fois dans l'axe du vent, l'équipier choque en grand le spi, qui part en drapeau devant l'étai. Au fur à mesure que le bateau passe sur l'autre amure, l'équipier borde la nouvelle écoute et se place sur le bord au vent pour compenser l'angle de gîte, tandis que le barreur facilite le passage de la grand-voile en prenant l'écoute à la main et en la passant progressivement sur le bon bord. Il choque l'écoute de grand-voile jusqu'au bon réglage. Une fois la manœuvre effectuée, on règle mieux les voiles et on monte au trapèze.

Empannage trop violent : le bateau gîte violemment, l'échelle de trapèze traîne dans l'eau, la grand-voile n'est plus propulsive et déstabilise le bateau, le spi n'est pas passé sur l'autre amure alors que le foc l'est… Le bateau est ralenti et dans une mer formée, l'équipage pourrait dessaler.
(Ci-contre.)

Les erreurs à éviter lors de l'empannage :

• *Des mouvements de barre trop brusques et un mauvais positionnement des équipiers.* Les coups de barre violents perturbent l'équilibre latéral du bateau. Le passage d'une amure à l'autre demande une bonne répartition des poids. Une manœuvre exécutée trop rapidement, un équipier resté du mauvais côté

et la sanction est immédiate : le bateau embarque de l'eau et peut chavirer…

• *Laisser l'écoute de spi sous le vent au taquet.*
Au moment de border sur le nouveau bord, le spi se trouve bloqué sur la mauvaise amure. Avec des barres de flèche, le spi risque alors de se déchirer.

• *Ne pas contrôler le passage de la bôme à la main.*
La bôme peut assommer l'équipier, mais aussi le barreur. Un empannage demande une synchronisation parfaite des équipiers.

• *Concentrer les poids sur l'avant.*
Dans la brise, si le barreur et l'équipier sont trop sur l'avant, le bateau peut enfourner et risque de passer cul par-dessus tête. Le vent pousse alors le bateau dont l'étrave est sous l'eau et le fait pivoter autour de lui-même.

• *Larguer l'écoute de grand-voile en grand.*
Une énorme poussée se concentre dans la grand-voile ; si vous la larguez, cela aura pour effet de déséquilibrer le bateau, mais aussi de mettre à mal le gréement. Un choc violent peut endommager les haubans, la grand-voile (les lattes peuvent casser), ou même entraîner un démâtage.

• *Le pied du barreur bloque l'écoute sous le vent.*
C'est une erreur très courante que de voir l'équipier essayer de border en tirant de toutes ses forces sur la bonne écoute, tandis que l'ancienne, pourtant retirée du taquet coinceur, est sous le pied du barreur concentré dans sa manœuvre.

L'envoi de spi

La voile a été préparée à terre, c'est-à-dire que l'on a fixé le point d'amure du spi sur le bout-dehors, les deux écoutes – appelées l'écoute et la contre-écoute de spi – sur l'unique point d'écoute, et le point de drisse sur la drisse appropriée.

Le barreur annonce la manœuvre. L'équipier met les écoutes au clair et se positionne au centre du bateau tandis que le barreur commence à abattre. Attention, pour que l'envoi de spi se passe bien, le barreur doit abattre progressivement mais franchement. L'équipier règle son foc à une allure de largue. Il vérifie que la drisse de spi n'a pas de tours au niveau des haubans ou ne s'est pas bloquée dans les barres de flèche. Le barreur suit sa trajectoire à l'abattée, règle sa grand-voile et la tension de la chute… L'équipier hisse le spi et bloque son écoute au taquet une fois en tête de mât. Le bout-dehors est sorti en même temps que le spi est monté. L'équipier borde l'écoute de spi sous le vent tout en se reculant, voire en montant au trapèze pour compenser l'angle de gîte à la fois latéral et longitudinal pris par le bateau. Enfin, il ne reste plus au barreur et à l'équipier qu'à peaufiner les réglages de la grand-voile (chute, bordure, cunningham…) et du spi (creux du guindant…).

Quelques conseils pour l'envoi du spi :

• Quand l'équipier envoie la drisse de spi, il peut la laisser traîner dans l'eau pour ne pas l'avoir dans les pieds.
• Le barreur peut prendre l'écoute de spi et commencer à régler le spi pour gagner du temps. Après, c'est l'équipier qui peaufinera le réglage du spi.
• Mieux vaut regarder l'étrave pour éviter l'enfournement.
• C'est le barreur qui supervise l'envoi du spi, car il peut contrôler plus efficacement l'assiette du bateau.
• Il faut tirer sur la drisse progressivement, en évitant les à-coups. S'arrêter lors de l'envoi risque de mettre le spi au contact de l'eau. Il peut alors passer sous la coque, se déchirer et entraîner un chavirage.
• Une fois le spi en tête de mât, il doit être vite bordé, en sachant que le bateau va être fortement propulsé vers l'avant. Il faut prévoir ce choc et être en appui, bien au vent et déjà en position de rappel.

L'affalage de spi

Le barreur reste concentré sur l'assiette du bateau. Il abat un peu plus pour faciliter l'affalage. La grand-voile va masquer le spi qui, moins gonflé, descendra plus facilement. L'équipier dégage la drisse de spi et la donne au barreur, tandis qu'il garde l'écoute en main. Le barreur choque la drisse de spi au signal de l'équipier, qui attrape le spi au point d'écoute, le brasse et l'étouffe. Une fois le spi affalé, le barreur borde sa grand-voile, l'équipier range le spi dans sa baille et règle le foc. Certains spis, sur certaines unités (49er, 5O5…), rentrent directement dans la baille à spi en tirant sur un bout fixé au milieu de la voile. Il suffit pour cela de choquer la drisse et de tirer sur ce bout. La manœuvre est dans ce cas simplifiée.

Le spi est passé sous la coque, empêchant le bateau de lofer… Si la grand-voile reste bordée et si le spi reste dans l'eau, le bateau va dessaler (ci-dessus).

Les erreurs à éviter lors de l'affalage du spi :

• *Ne pas abattre assez.*
Il faut que le barreur abatte suffisamment pour « couvrir » le spi par la grand-voile afin de faciliter la manœuvre. Plus il y a de vent, plus il faut abattre.

• *Retenir ou lâcher la drisse.*
Il faut que la drisse de spi descende à la demande de l'équipier. Si cela se fait trop vite, le spi peut tomber à l'eau – on dit alors qu'il « chalute ». Cela peut causer aussi des nœuds ou des cosses dans la drisse, qui se bloque alors dans le mât. Si l'opération s'effectue trop lentement, le vent peut encore prendre dans le spi et gonfler la voile.

• *Laisser la drisse de spi choquée.*
Si on ne reprend pas la drisse de spi, elle peut aller se mettre derrière les barres de flèche ou la chute de grand-voile. Il faut que l'équipier remette sous tension la drisse de spi et la mette au taquet, une fois le spi rangé. C'est la même chose pour les écoutes, qui ne doivent pas traîner dans l'eau.

Chavirer en dériveur

Le chavirage en dériveur n'est pas rare et on peut s'y attendre à chaque sortie. Un équipage prudent et techniquement au point y est tout de même moins exposé…

Le chavirage

Un chavirage, ou dessalage, arrive en fait assez simplement. Rappelez-vous qu'un dériveur n'a pas de lest à sa quille, contrairement à un « quillard ». Tout l'équilibre provient donc de l'équipage au rappel qui fait contrepoids. La moindre faute de position ou de réglage provoque un dessalage. Cela ne doit pas remettre en question votre motivation : chavirer est normal, et vous verrez qu'avec un peu de technique, il n'est pas si compliqué de remettre le bateau à l'endroit. On apprend même dans certaines écoles de voile à dessaler et à redresser un dériveur chaviré sans même tomber à l'eau ni se mouiller !

Généralement, le bateau est à la gîte, l'équipage au rappel, et l'écoute de grand-voile au taquet, donc coincée, quand une risée – un coup de vent plus fort que le vent déjà établi – s'engouffre dans la grand-voile et le bateau se couche. Souvent aussi, le barreur chargé de la grand-voile n'a pas vu venir la risée et n'a pu anticiper : le vent couche totalement le bateau et l'équipage au rappel ne suffit plus à faire contrepoids. Le mât est dans l'eau. La première chose à faire est d'assurer sa chute. Essayez de tomber dans l'eau et non dans les voiles, le mât ou la bôme. Vérifiez que l'équipier ou le barreur n'est pas coincé sous une voile ou au trapèze, ne s'est pas assommé en tombant sur le mât… Ensuite, l'équipier le plus lourd monte sur la dérive et maintient le bateau perpendiculaire à l'eau. Pendant ce temps, l'autre équipier libère toutes les

écoutes des voiles bloquées dans les taquets afin d'éviter que le bateau, une fois remis en place, ne reparte sans vous! Puis il rejoint l'équipier sur la dérive, se met debout et se penche en arrière en se tenant au bord du bateau. Là, sous le poids, le bateau se remet à l'endroit. Faites attention, à ce moment-là, de bien vous éloigner en sautant pour ne pas vous faire assommer par la coque, et veillez à ce que le bateau, emporté par sa vitesse, n'aille pas à nouveau chavirer de l'autre côté. Le bateau revenu à plat est maintenu face au vent par l'équipier tandis que le barreur monte à bord et fait un peu de rangement – ordonner les écoutes, choquer le hale-bas… Le barreur aide l'équipier à monter à bord après avoir mis le bateau face au vent, donc après l'avoir immobilisé. Une fois à bord, videz le bateau de l'eau embarquée et rebordez les voiles.

Le bateau peut également « faire chapeau », c'est-à-dire qu'il se retourne complètement, le mât planté dans l'eau. Il s'agit le plus souvent d'un chavirage brutal dans une mer formée, où l'équipage, écoutes au taquet, a été emporté dans la voile, entraînant le retournement complet du bateau. La manœuvre de redressement est la même que précédemment, mais une fois le bateau à l'endroit, vérifiez que le mât et les voiles n'aient pas subi de casse ou de déformation dues à un fond peu important.

Le dessalage est proche pour ce 49er en mauvaise posture. Les équipiers, pourtant, essayent d'éviter le pire en rééquilibrant au maximum le bateau et en larguant la grand-voile. (À gauche en haut).

Dessalage d'un dériveur. Le barreur est debout sur la dérive et tente de remettre son bateau à l'endroit. Il est parfois nécessaire de demander de l'aide. Après le dessalage, il faut libérer les écoutes de voile afin d'éviter que le bateau, une fois retourné, ne prenne le vent et ne parte sans vous… (À gauche).

Un homme à la mer!

Il va de soi que la récupération d'un équipier tombé à l'eau est une technique qui doit être parfaitement maîtrisée. Deux cas de figures se présentent.

• *L'équipier tombé à l'eau est conscient, bon nageur et les conditions de navigation sont bonnes* (beau temps, mer calme, peu de vent et courant nul). Dans ce cas, stoppez immédiatement le bateau en affalant toutes les voiles pour permettre à votre équipier de vous rejoindre en deux ou trois brasses. Un équipage plus expérimenté pourra mettre le bateau bout au vent et le maintenir ainsi. Cela consiste à placer l'avant du bateau dans la direction du vent; les voiles faseyent. Par temps calme et faible brise, la personne seule à bord peut également pousser la grand-voile à contre – sur l'amure opposée – de manière à stopper le bateau.

• *L'équipier tombé à l'eau s'assomme ou se fait mal, bref, n'est pas en mesure de nager.* L'opération de sauvetage commence par un virement de bord, en effectuant un 180° avec le bateau afin de revenir sur l'endroit de la chute. Il faut ensuite le mettre bout au vent ou affaler les voiles pour l'arrêter. Un bon exercice pour s'entraîner à cette manœuvre consiste à jeter une bouée ou une bouteille par-dessus bord et à revenir sur elle.

Homme à la mer : équipier à l'eau à l'abattée. Il s'agit pour le barreur de reprendre rapidement le vent afin de permettre à son équipier de remonter sur le bateau. (Ci-contre.)

Barrer un catamaran

Le catamaran est un bateau incomparable. Il n'a pour ainsi dire aucun équivalent sur l'eau. L'art de le dompter se rapproche assez peu des techniques employées sur les dériveurs. Barrer un catamaran, c'est se mettre au volant d'une voiture et s'apercevoir qu'on est assis dans un baquet de Formule 1 ! Un catamaran n'est pas un bateau de croisière. Il n'en a nullement les aménagements. Tout a été pensé uniquement pour la vitesse. Il va à fond ou n'avance pas ! L'équilibre sous voile est excellent, avec une légère tendance à devenir mou par petit temps. Les catamarans sortent en effet rarement par vent faible, tout simplement parce que dans ce cas, le bateau a une fâcheuse tendance à ne plus répondre correctement aux sollicitations de la barre.

Il faut bien avancer sur le trampoline pour éviter que l'arrière du bateau ne traîne trop dans l'eau par vent faible. (Ci-dessus.)

La position au trapèze assure une bonne assiette au bateau pendant que l'équipier peaufine les réglages… (Ci-contre et à droite.)

Le barreur en catamaran n'a pas le droit à l'erreur : il doit tenir son stick dans une main, l'écoute de grand-voile dans l'autre, mais aussi régler le chariot de l'écoute du grand-voile, qui est déterminant pour la bonne marche du bateau.

Maîtriser la gîte pour ne pas se renverser

Moins on se sert de la barre, plus on va vite. C'est un grand principe général de navigation. Après, c'est la position des voiles et des équipiers qui fait la différence. Sur un catamaran, la gîte n'est pas un problème, contrairement au dériveur. À l'inverse, le catamaran va plus vite quand il gîte que quand il est à plat. On cherche donc à diminuer au maximum les surfaces mouillées, c'est-à-dire immergées, du cata. Sur un Hobie 16 par exemple, le jeu consiste à faire sortir de l'eau la coque au vent – celle sur laquelle on est installé. Mais une fois que la coque s'est envolée, elle peut aller très loin, jusqu'à exercer un angle de 45°, voire plus ! Il faut donc avant toute chose essayer de respecter un angle idéal de navigation, qui se situe entre 10 et 15° quel que soit le catamaran. On est dans cette fourchette lorsque la coque au vent est sortie de l'eau et que, en même temps, le plan anti-dérive de l'autre coque est toujours dans l'eau.

Assurer l'assiette pour ne pas enfourner

Le maintien de l'assiette longitudinale constitue un autre facteur crucial. Prenons encore l'exemple du Hobie 16. Quand on arrive à des allures débridées, si on « plante » l'étrave, c'est le coup de frein immédiat : on passe de 15 nœuds à 0 nœud en un quart de seconde ! Donc, aux allures portantes, il faut que l'équipier et le barreur surveillent en permanence la hauteur d'étrave restant au-dessus de l'eau. Le point d'alerte est atteint quand on ne voit pratiquement plus la ferrure qui tient la patte-d'oie. À ce moment-là, il est souvent trop tard…

Assurer l'assiette est aussi très important au près, car dans cette situation, on a tendance à « charger » un peu l'avant du catamaran pour enfoncer davantage la coque au vent dans l'eau, afin d'avoir un plan anti-dérive le plus important possible et d'augmenter au maximum la longueur de flottaison. Pour y parvenir, il faut parfois s'avancer pratiquement jusqu'à la hauteur de la poutre avant.

Les manœuvres du catamaran

Au même titre que les nouveaux dériveurs, les allures auxquelles les catamarans sont les plus performants, c'est-à-dire où ils vont le plus vite, sont les allures portantes. Elles ont une efficacité sans commune mesure avec les allures de près, car avec elles le catamaran profite du vent apparent, celui qui est créé lors du déplacement.

Réduire la gîte

Quand le bateau part à la gîte et qu'il devient incontrôlable au point de risquer de dessaler, il vaut mieux choquer plutôt que de partir au lof avec le safran. Car dès qu'on agit sur le safran, qui reçoit beaucoup de pression, on va décrocher les voiles très rapidement, tandis que si on choque l'écoute ne serait-ce que de 2 cm, on va relâcher un petit peu la tension, notamment sur la chute de la grand-voile, et on va faire jouer à ce moment-là un système de soupape. Sur certains catamarans, on utilise énormément le rail à l'arrière qui permet de régler la tension de l'écoute de grand-voile ; on joue sans cesse sur le chariot, c'est-à-dire qu'on met son écoute au taquet et qu'on la choque plus ou moins en modifiant la position du rail.

Au portant (ci-contre) comme au près (à droite), il faut que la coque au vent affleure l'eau. Pour cela, le barreur et l'équipier doivent doser leur couple de rappel. Sur les catamarans équipés de deux trapèzes, le barreur sort en premier et rentre en dernier.
Il faut également s'avancer plus ou moins, de manière à éviter au flotteur sous le vent d'enfourner.

HOBIE CAT
aventures

Si on se trouve en surpuissance et qu'on a besoin d'évacuer un peu d'air, on lâche son chariot, qui descend un peu sous le vent et permet à la voile d'évacuer de l'air. Si le besoin d'évacuer est urgent, on va aussi choquer l'écoute de grand-voile. Mais alors on agira moins facilement sur la barre. Il ne faut pas oublier que lorsqu'on a les deux coques dans l'eau et qu'on doit virer, empanner ou faire un petit écart de direction, elles sont deux vrais freins qui rentrent en ligne de compte et ralentissent tout de suite le bateau. Pour conserver le plus de vitesse possible, il faut avoir le minimum de choses qui traînent dans l'eau. C'est pourquoi il vaut mieux agir sur les voiles, qui sont plus évolutives, que de gâcher d'un coup de barre un angle idéal de gîte à 15° en faisant retomber la coque au vent, ce qui stoppe net l'embarcation.

Le virement de bord

Sur un cata, le virement de bord part des mêmes bases que sur un dériveur, à ceci près – nuance de taille – que le catamaran a une fâcheuse tendance à rester bloqué, ou « planté », face au vent. Il faut donc relancer le catamaran avant de virer en prenant un peu de vitesse. Le barreur abat légèrement, annonce la manœuvre et commence à lofer avec précision et en douceur. Il augmente l'angle de barre au moment où le bateau va ralentir. Le barreur et l'équipier se déplacent ensemble le plus tard possible, en reculant pour dégager les étraves et favoriser la rotation. L'équipier garde le foc à contre une ou deux secondes ; le foc doit vite être repris sans faseyer. L'équipier contrôle la bonne rotation du mât et son réglage. Il faut alors relancer le bateau. Le barreur centre la barre progressivement et en douceur, s'avance et borde la grand-voile. L'équipier borde progressivement le foc en suivant le cap donné par le barreur. Dès que la coque au vent monte, l'équipier sort au trapèze, suivi du barreur.

Les erreurs à ne pas faire lors du virement de bord :

• *Se déplacer lourdement ou brusquement lors de la manœuvre.*
Les coques risquent de s'enfoncer dans l'eau, ce qui peut planter le bateau ou le ralentir fortement. Un déplacement brusque d'une coque à l'autre lors de la manœuvre peut gêner le virement.

• *Effectuer un virement trop brusque.*
Un grand coup de barre cassera l'aire du catamaran qui, sans vitesse, peut rester planté face au vent.

• *Le barreur reste trop longtemps sous le vent après le virement.*
La punition est la même…

• *L'équipier choque le foc trop tôt.*
Le foc faseye alors que le bateau n'a pas encore passé le lit du vent. Le catamaran va se planter face au vent… Il faut garder le foc bordé, même à contre, pendant quelques secondes.

L'empannage

En catamaran, l'empannage avec un spi asymétrique a les mêmes caractéristiques que sur un dériveur. Quelques différences sont tout de même à signaler, concernant surtout la position du mât profilé et orientable.

Avant la manœuvre, le barreur prend l'écoute de grand-voile, passe le stick derrière le palan et le place sur l'angle opposé de la poutre et de la coque. Il réduit un peu la tension sur la chute pour permettre au chariot de grand-voile de passer plus facilement d'un bord à l'autre. L'équipier sort l'écoute de foc du taquet coinceur, s'avance et se place au centre du trampoline. Il choque le bout de rotation forcée du mât pour que celui-ci

Les erreurs à ne pas faire lors de l'empannage :

• *Une rotation trop rapide.*
Dans la brise comme dans une mer formée, une rotation exécutée trop rapidement planterait les étraves dans l'eau et stopperait le bateau. « Chapeau » (cul par-dessus tête) garanti !

• *Oublier de choquer le foc.*
Le foc à contre après l'empannage fait gîter et dessaler le bateau parti au lof.

• *Oublier de choquer le bout de rotation forcée du mât.*
Le mât reste bloqué à l'envers après l'empannage…

• *Le bateau part au lof après l'empannage.*
Le barreur doit effectué un mouvement de barre afin d'empêcher le catamaran de lofer. Dans la brise, il n'est pas rare de voir des bateaux lofer et dessaler sous le vent après un empannage. Attention, sous spi asymétrique, la manœuvre est encore plus rapide.

ne reste pas bloqué à l'envers après l'empannage. Le barreur déclenche l'abattée et fait passer la bôme sur l'autre bord. L'écoute de grand-voile est restée au taquet sur le chariot, qui suit le passage de la bôme sur l'autre bord. Le barreur lâche la barre de liaison pour reprendre le stick, qui est sur le bon bord. L'équipier choque l'écoute de foc et fait passer la voile sur l'autre bord. Dans des conditions de vent léger, il peut aider la voile à bouger en l'attrapant par le point d'écoute. Le barreur garde un œil sur les étraves, qui peuvent enfourner dans la brise. Il adapte alors la tension de la chute et le réglage du chariot, tandis que l'équipier met l'écoute de foc au taquet, reprend la rotation forcée du mât et se replace au rappel.

Le Hobie Cat 16 abat et l'équipier pousse la bôme pour ouvrir le plus possible la grand-voile. (Ci-dessus.)

La marche arrière
le barreur debout pousse la grand-voile à contre et continue de diriger le bateau dans sa manœuvre avec le stick. Vent faible obligatoire ! (Ci-contre.)

Chavirer en catamaran

Le seul moyen de ne pas dessaler est bien évidemment de choquer à temps ! Le barreur, qui a la grand-voile en main, doit toujours regarder d'où vient le vent, quelles que soient les allures. C'est un automatisme qui ne peut s'installer qu'après une longue pratique, car il faut pouvoir anticiper le moindre coup de vent dans la seconde qui précède son arrivée en force sur l'embarcation. Dès que le safran « cavite », c'est trop tard : le barreur ne peut plus rien faire et l'équipage « part au bouillon »... Après un virement de bord, il faut sortir au trapèze le plus vite possible. Et le barreur ne doit pas reborder la voile trop tôt, avant que l'équipier soit sorti.

Le bateau assistance

Malheureusement, les voies de la mer sont on ne peut plus pénétrables, et même les « voileux » les plus aguerris ne sont pas à l'abri d'un dessalage. Dans ce cas, une fois qu'on est à l'eau, la solution dépend des types de bateaux. Plus il est large – comme les catamarans de style Tornado –, plus il sera difficile à redresser. Dans 90 % des cas, il faudra utiliser l'aide d'un bateau à moteur. Les catamarans de ce type ont d'ailleurs toujours un bout d'une dizaine de mètres attaché au niveau du pied de mât, qu'on fait passer par-dessus la coque retournée avant de le jeter au bateau assistance qui se chargera de remettre le bateau debout. Pour simplifier la tâche du bateau à moteur, il faut se positionner de son côté, sur la coque retournée, et s'attacher à la corde. Dès que le bateau est retourné et tombe, l'équipier ou le barreur doivent tout de suite tenir la coque au vent, en stabilisant le bateau pour le mettre face au vent. Ensuite, il suffit de grimper dedans et de faire un bon ménage avant de repartir, car sans ce rangement on peut « repasser à la baille » cinq minutes plus tard pour deux ou trois malheureux bouts emmêlés au cours du premier dessalage...

Le bout de resalage

Les bateaux un peu moins larges – de type Hobie Cat ou Dart – peuvent en général être redressés par l'équipage. Mais il reste obligatoire d'avoir un « bout de resalage » (long de dix mètres selon les normes IYRU) attaché au pied de mât. En cas de dessalage, on passe la corde par-dessus la coque au vent et les deux navigateurs tirent dessus. L'un d'eux passe le bout de resalage dans sa ceinture de trapèze, le noue et se couche en arrière pour redresser le bateau. Si cela ne suffit pas, son équipier s'assoit sur ses épaules pour imprimer plus de traction au bout et finir le tra-

vail. Mais si le bateau est à 180°, tête en bas, il n'y a rien à faire et il faut demander assistance à un autre bateau. On peut aussi compter sur les dieux de la mer – on rapporte quelques histoires de marins dont les resalages se sont effectués tout seuls, les bateaux étant simplement rétablis par une forte houle –, mais c'est beaucoup plus aléatoire…

Le dessalage en solitaire…

Pour les navigateurs solitaires, le resalage est tout sauf évident. Mais il existe des petits trucs pour pouvoir s'en sortir tout seul. Par exemple, on peut emporter des grands sacs en plastique qui, une fois remplis, peuvent servir de lest lorsque l'on tire sur le bout de resalage. Cette astuce peut vous sortir de situations parfois critiques. L'avantage est qu'avant de s'en servir, ils sont légers et peu volumineux, et ne surchargent en rien le bateau.

Le catamaran est en phase de dessalage et il est impossible pour les équipiers de le rattraper, d'autant que le barreur est resté seul sur le bateau. Il faut tirer à deux le bout permettant le « resalage » et se dégager rapidement lorsque les coques retomberont sur l'eau.

Pour les débutants, un truc assez célèbre consiste à attacher un bidon d'essence vide en haut du mât. Il n'empêchera pas les dessalages, mais il fera tourner le bateau à 180°, le transformant ainsi en radeau. Le bidon ne met guère le catamaran en valeur, mais il est une garantie de sécurité, surtout en hiver, lorsque l'eau est très froide et que les plans d'eau sont quasiment désertés par d'autres voiliers, secouristes en puissance.

Les flotteurs

Les Hobie Cat 16 peuvent être dotés d'un système de resalage particulier : la fusée. En réalité, c'est un flotteur qui s'installe en tête de mât et qui empêche carrément le mât de plonger dans l'eau en cas de dessalage. Mais ce n'est pas très esthétique et cela crée un poids supplémentaire en tête de mât.

Il est plus intéressant d'installer un flotteur sur la voile : c'est plus aérodynamique et moins laid. Sur la dernière laize, celle qui est en tête de mât, on va ajouter deux couches de tissu et on mettra au milieu des fines lames de mousse qui serviront de flotteurs.

Des kits existent aussi pour certains types de bateaux, surtout les catas écoles. Mais il faut tout de même savoir resaler son bateau dans n'importe quelle circonstance.

49er
FRA 341
LES PRODUITS LAITIERS
49er
325
PRODUITS LAITIERS
COUPE DE FRANCE DES CLUBS
325

6

La recherche de vitesse

Courants, vents et marées

Prévoir le vent implique d'avoir quelques notions de météorologie. Elles sont indispensables à quiconque veut s'aventurer sur l'eau. En plaisance comme en régate, la météo est primordiale pour la sécurité d'un équipage et celle du matériel. La météorologie offre à ceux qui savent l'utiliser une mine d'informations précieuses pour l'élaboration des tactiques et des stratégies à engager durant une régate. Pour gagner, pour aller plus vite, pour aller plus loin, pour préserver le bateau, la météo est aussi importante dans une régate que le bateau ou les équipiers eux-mêmes.

La force de l'expérience

Prévoir le vent n'est pas chose facile, mais si vous êtes sur une zone que vous parcourez depuis de nombreuses années, vous saurez l'anticiper mieux que personne. Car au-delà de la météo générale, il existe des phénomènes météorologiques locaux. Ainsi, en France et dans certaines régions, à certaines périodes de l'année, on est en présence de brises thermiques. À force d'observations et de sorties sur votre zone de navigation, vous connaîtrez à peu près leurs fréquences et leurs intensités. Les brises thermiques sont dues en été à la différence de température entre la surface de l'eau et la surface de la terre. Par exemple, sur la côte atlantique, on assiste le matin à un phénomène de vent *offshore* (venant de l'est, donc allant de la terre vers la mer) qui tourne *on shore* l'après-midi (venant de l'ouest, donc allant de la mer vers la terre).
La nuit, l'air au-dessus de la mer est plus chaud que l'air au-dessus de la surface de la terre. Comme tout courant chaud, l'air au-dessus de la mer monte, créant ainsi un vide immédiatement comblé par l'air à la surface de la terre. Ce mouvement d'air crée le vent *offshore*. Le phénomène s'inverse au cours de la journée, lorsque la chaleur de l'air à la surface de la terre augmente. Le relief qui entoure votre zone de navigation peut lui aussi jouer un rôle déterminant pour le facteur temps – montagnes, forêts, etc. pouvant couper le vent.

S'informer

Lorsqu'on ne connaît pas le plan d'eau où on va évoluer, on a tout intérêt à s'informer auprès des pêcheurs ou des marins locaux. Leur expérience garantit des prévisions météorologiques généralement fiables. N'hésitez jamais à les questionner.
Au-delà des phénomènes locaux, prévoir le vent consiste égale-

Le paysage change et évolue en fonction des marées… Des roches peuvent apparaître à marée basse et vous empêcher de regagner le bord. Il est toujours préférable de connaître le plan d'eau avant de prendre le large.

ment à connaître le temps à venir dans les six à douze heures, voire plus. Il faut alors se reporter aux bulletins météo disponibles dans les capitaineries, dans la presse quotidienne régionale, sur Minitel, par téléphone ou sur une radio VHF. Ils vous donneront la direction et la force du vent à venir. Ne prenez jamais la mer sans être au courant de l'évolution du temps. En régate, et donc dans une optique de recherche de vitesse, tous ces paramètres doivent être étudiés de manière approfondie par rapport au circuit de la course. Vous aurez un avantage certain si vous savez les éventuels changements de force et de direction des vents grâce à votre expérience, au pêcheur du coin ou par toute autre source d'information.

Aller chercher le vent

Personne ne peut se réclamer de la science de la mer. Elle reste totalement imprévisible. Mais parfois, il faut aller chercher le vent loin de la zone de régate. Vous effectuez alors un détour important, mais cette option peut devenir payante. Les autres bateaux restés sur place n'ont plus de vent tandis que vous profitez d'une brise thermique qui vous permet, malgré un circuit plus long, d'être finalement plus rapide. Dans ce cas, votre nez et votre sens de l'observation seront vos seuls atouts. Une tache plus sombre à la surface de l'eau, un bateau au loin à la gîte ou encore un petit nuage isolé vous indiqueront une zone plus ventée.

Si la notion de météo est indispensable à tout navigateur, la connaissance du plan d'eau est tout aussi primordiale.

Les pavillons ou drapeaux aux abords des ports et des plages sont d'excellents indicateurs de la direction du vent. Ils ne sont cependant pas suffisants car ils ne vous en indiquent pas la force.

Utiliser les courants

Pour ceux qui voguent sur des lacs ou des étangs, la recherche de vitesse par l'utilisation des courants est impossible. Pour les autres, qui naviguent dans des zones soumises à des marées, des phénomènes de courants sont omniprésents. Ils peuvent être vos alliés comme vos pires ennemis.

Il existe deux types de courants. Les premiers, dits apériodiques, sont dus à des vents soufflant régulièrement sur une zone, à une surélévation du niveau de la côte ou à une différence de densité d'eau de mer. On retrouve ces courants en Méditerranée. Les seconds, dits périodiques, dépendent du phénomène des marées. De nombreuses côtes françaises connaissent ce phénomène de courants périodiques. Ils sont essentiellement dus à l'attraction exercée par la Lune sur l'eau de mer – ce qu'on appelle le « soulèvement ».

Les cycles des marées se répètent deux fois par jour (marée montante et marée descendante). Entre les deux existe une période de non-variation appelée l'« étale » ; une marée dure en moyenne six heures, l'étale dure entre quelques minutes et une heure. De plus, les heures des marées ne sont pas les mêmes suivant les régions, et leur amplitude est variable : il y a des grandes et des petites marées. Il vous sera donc utile de vous munir des horaires des marées de votre zone de navigation pour en connaître les heures et la hauteur d'eau. Les marées, donc les courants, existent aussi en Méditerranée, mais dans des proportions nettement moins importantes que dans l'océan Atlantique.

De la même manière, l'angle d'inclinaison de la végétation peut être un très bon révélateur des directions dominantes des vents sur une région.

Choisir la bonne trajectoire

Dans une optique de recherche de vitesse, il est évident que si vous remontez un courant, votre vitesse de déplacement sera réduite, et que si au contraire vous en descendez un, vous irez plus vite. En régate, il est donc nécessaire de connaître les heures des marées et surtout les zones de courant. Par exemple, les courants sont généralement plus forts dans les chenaux que sur les bords d'une côte. Ce sera à vous de calculer s'il vaut mieux naviguer « à la côte », en profitant d'un vent plus faible mais d'un courant porteur, plutôt que de naviguer plus au large avec un bon vent mais un courant contraire. Pour optimiser vos chances, n'hésitez pas à vous acheter des cartes marines et à demander conseil aux marins locaux. Plus le coefficient de marée est important, plus la masse d'eau déplacée est importante et donc plus le courant est puissant. En régate, rien ne doit être laissé au hasard et la période d'observation avant le départ est pour beaucoup la clé du succès.

Mais attention, le courant peut aussi, après vous avoir été utile, vous dévier de votre route et vous amener dans un endroit non désiré. Ne vous affolez pas et tentez de le remonter grâce au vent. Pensez que si le bateau est capable d'aller dans un sens, il sera également capable d'aller dans l'autre… Mais si à la fois le vent et le courant sont contraires, la navigation est pénible. Des vaguelettes se forment et l'embarcation n'est pas stable. N'hésitez donc pas à retarder ou à repousser votre sortie pour être certain de profiter de conditions idéales.

Le barreur observe le plan d'eau et guette la moindre risée qui pourrait survenir pendant que son équipier envoie le spi. Il peut ainsi choisir le meilleur bord pour atteindre au plus vite son objectif. (À gauche.)

Ce catamaran se dégage de la flotte de bateaux en virant de bord pour avoir un vent moins perturbé et un plan d'eau plus dégagé. (À droite.)

104422
102545
95621
101348

Le pilotage du dériveur

Votre dériveur a été bien préparé à terre et vous maîtrisez parfaitement les manœuvres. Vous vous sentez prêt à battre des records!… mais c'est encore trop tôt. Il vous manque la connaissance de certaines astuces, qui vous permettront d'améliorer les performances de votre dériveur alors même que vous naviguez. Il existe en effet des moyens efficaces d'obtenir un gain de vitesse, ce qui est souvent le but recherché des amateurs de dériveurs, y compris en dehors des compétitions. Sentir son bateau partir au *planing* est une sensation extrêmement grisante. Même si vous préférez les balades, vous vous surprendrez certainement un jour ou l'autre à taquiner un autre dériveur sur votre plan d'eau favori. Et certains organes du bateau jouent indirectement un rôle sur le facteur vitesse.

La bordure

On règle la bordure de la grand-voile par la bosse d'empointure. Il suffit pour cela de la border lorsqu'on navigue au près afin de réduire le creux dans le bas de la voile. Le profil mieux affiné de la voile permet de mieux serrer le vent. Au portant, on choque la bosse d'empointure pour augmenter le creux et donc la puissance de la voile. Par vent fort, il vaut mieux par contre la garder bordée afin de réduire la puissance de la voile et de mieux contrôler le creux.

L'étai

Il est très intéressant de pouvoir régler la tension de l'étai en naviguant. Si cette option est possible sur la plupart des dériveurs, elle n'existe pas d'origine sur tous. Mais rien ne vous empêche de l'installer. Il suffit d'ajouter un palan supplémentaire muni d'un petit crochet. On le positionne sur le retour de la drisse de foc et on le tend plus ou moins en fonction de l'allure. Le réglage de l'étai permet d'adapter la quête de votre bateau selon que le vent forcit ou non. Au près, on va avoir tendance à bien tendre son gréement. Au portant, en revanche, on va pouvoir le relâcher un peu de façon à faire basculer en même temps le haut du gréement vers l'avant.

La quête du mât montre les différents réglages de ce Laser 4000 au près : la bordure est tendue, le cunningham est bordé, la grand-voile est dans l'axe du bateau… Tout est ici réglé pour avoir la grand-voile la plus plate et la plus propulsive possible.

Le cunningham

Le cunningham n'est pas obligatoirement présent sur toutes les voiles. C'est un bout qui passe dans un œillet situé au-dessus du point d'amure de la grand-voile et qui permet de régler la tension de celle-ci pendant la navigation. Quand le vent monte, le creux de la voile a tendance à reculer. La voile devient moins efficace et plus difficile à maîtriser. Aussi, il suffit d'étarquer le guindant par l'intermédiaire du cunningham pour ramener le creux à une position correcte sur l'avant de la voile. Cette manœuvre permet également d'ouvrir le haut de la voile, qui déverse alors le trop-plein de vent. Son réglage ne dépend pas seulement de la force du vent, mais aussi de l'allure du bateau. Au près, on aplatit la voile en étarquant le cunningham pour chasser les plis du guindant. Au portant, on creuse la voile pour lui donner plus de puissance en choquant le cunningham ; si on étarque le cunningham, la grand-voile a un grand pli creux le long du mât. Si le bateau ne part pas lorsque la voile est pleine, c'est que le cunningham n'est pas assez choqué.

Le hale-bas

Le hale-bas est un palan reliant le pied de mât à un point fixé sur la bôme, à peu près au tiers de sa longueur. Il est donc possible de raidir ou au contraire de relâcher la tension exercée sur le hale-bas. Son rôle est très important sur l'ensemble des dériveurs, puisqu'il va permettre différents réglages de la grand-voile suivant les allures. Ainsi, il empêche la bôme de « mâter » – de monter se coller au mât –, et peut la cintrer à loisir. Au près, associé au palan d'écoute de grand-voile, il permet d'aplatir la voile si on le borde. Lorsqu'il est bordé au maximum, la grand-voile est très basse, la voile est plate et la chute fermée. Lorsqu'il est choqué, la chute est détendue et la grand-voile a du dévers dans sa partie haute. Une option intéressante peut être choisie en cas de brise. Elle consiste à choquer légèrement l'écoute de grand-voile au près en gardant le hale-bas bordé : la grand-voile restera propulsive et gardera une forme convenable. Aux allures portantes, le hale-bas peut être bordé pour empêcher la bôme de monter et pour que la voile offre plus de surface au vent. Dans la brise, il faudra en revanche le choquer un peu.

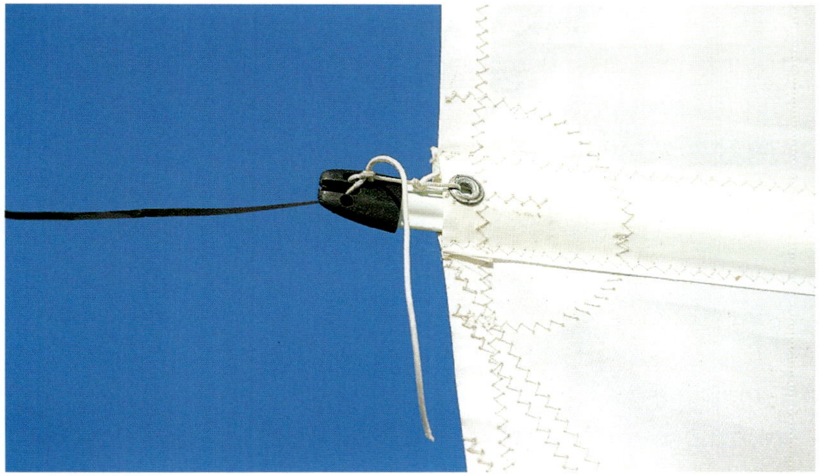

S'aider des penons

Les penons sont des brins de laine et des fines bandes de tissu qui peuvent être d'un grand secours pour mieux régler les voiles. Leur position permet de renseigner l'équipage sur l'écoulement du vent sur la voile. Placés à 30 cm du guindant de foc, les penons doivent être en général toujours horizontaux. Si les penons sous le vent tombent un peu, c'est que le foc est un peu trop bordé. Si les penons au vent montent un peu, c'est que le foc est trop choqué. Il suffit alors de régler le foc, sans avoir besoin de changer de cap. On place également des penons au bout des lattes de grand-voile. Lorsqu'ils sont dans le prolongement des lattes et bien droits, c'est que l'écoulement est bon. S'ils faseyent, c'est que la voile est trop choquée ; s'ils tombent sous le vent, c'est qu'elle est trop bordée.

Le palan d'écoute de foc

Il est possible sur certains dériveurs d'adapter la position du point de tire, en déplaçant le palan d'écoute de foc sur un petit rail placé longitudinalement sur chaque bord avant du bateau. On l'appelle également filoir de foc. On peut changer la forme du foc en changeant de point de tire. Lorsqu'on l'avance, la traction s'exerce verticalement et la chute du foc se tend. On diminue alors le creux du foc et on réduit le dévers. À l'inverse, plus le filoir de foc est reculé, plus la traction s'exerce horizontalement. La chute se détend, ce qui donne du dévers à la voile et augmente le creux du foc.

La dérive

La dérive, en position basse, rend un bateau plus ardent, c'est-à-dire qu'elle le fait lofer (remonter au vent). À l'inverse, en position relevée, le bateau abat (s'éloigne du sens du vent). Ainsi, aux allures de portant, il est intéressant de relever la dérive pour augmenter sa vitesse mais aussi pour mieux tenir le bateau. Au près, il faut baisser sa dérive sous peine de voir le bateau déraper et de ne pas tenir le cap.

La position au trapèze

Le rappel sert à corriger les angles de gîte, latéraux et longitudinaux, que peut prendre le bateau. Aussi, il ne faut pas hésiter à changer de place en fonction des allures et de la force du vent dans les voiles. Au près, on cherche à grouper les poids vers le milieu du bateau pour réduire la résistance au vent et le moment d'inertie du bateau. Une erreur grossière consiste à voir le barreur au trapèze ou au rappel sur l'arrière du bateau tandis que son équipier est seul au niveau des haubans. Les poids étant mal répartis, le bateau est déséquilibré. Il va être plus dur à manœuvrer, va taper dans les vagues et perdre de la vitesse. Au portant, il ne faut pas hésiter à se reculer pour appuyer sur la partie large et plane de la carène. Mais tout en reculant à mesure que le vent forcit, l'équipage doit veiller à rester mobile de manière à pouvoir accompagner les mouvements du bateau.

Position caractéristique d'un équipage au près : l'équipier reste dans l'axe du bateau et pèse de tout son poids pour rééquilibrer le bateau soumis à la gîte. (À gauche.)

Position caractéristique d'un équipage au portant : complètement sur l'arrière, le barreur et l'équipier soulagent l'étrave et appuient le bateau sur ses formes arrières, qui sont plus plates donc plus planantes. L'équipier règle l'écoute de spi, le barreur tient l'écoute de grand-voile et le stick de la barre. (À droite.)

Au près, l'équipage est au trapèze et plus sur l'avant des échelles de rappel : le bateau est entièrement au contact de l'eau, profitant ainsi de toute sa surface de coque pour limiter sa dérive et favoriser sa pénétration dans l'eau. (Double page suivante.)

LES PRODU
LES PRODUITS LAITIERS
Dimitri DERUELLE
SENSATIONS PURES
PRODUITS LAITIERS

Le pilotage du catamaran

Un catamaran est une bête de course qui tolère très bien la vitesse grâce à sa stabilité. Il n'empêche qu'il est sensible aux réglages des voiles, aux coups de barre mal contrôlés, aux déplacements de l'équipage d'une coque à l'autre… Selon les modèles, les catamarans possèdent des volumes de coques répartis différemment entre l'étrave et l'arrière du flotteur, avec des mâts plus ou moins réglables, et des largeurs de trampoline plus ou moins importantes… Mais quel que soit le cata que l'on pilote, il est possible d'intervenir sur certains réglages alors même que l'on est en mer pour atteindre de meilleures performances – n'en déplaise aux « anciens » qui ne voyaient en lui qu'un engin où il fallait se contenter de border et de choquer pour le faire avancer. Le pilotage est un peu plus fin que cela aujourd'hui…

Une histoire de placements

En catamaran, un des grands principes est d'alléger la coque au vent. Le maintien de l'assiette du bateau est assuré par des réglages et par le positionnement des équipiers. Le contrôle de la gîte latérale nécessite quant à lui de sortir de l'eau la coque qui est au vent, jusqu'à environ 10 ou 20 cm au-dessus de l'eau. Au-delà, on charge trop la coque du bateau et on ralentit l'embarcation. Il ne faut pas hésiter à forcer la gîte quand il y a peu de vent, c'est-à-dire que l'équipage rentre le plus possible dans le bateau – un équipier peut même régler son foc sous le vent – pour alléger la coque au vent. Moins il y a de vent, plus on avance ; plus il y a de vent, plus on recule… Mais il faut que les lignes arrières du bateau restent toujours dégagées. Le tableau arrière ne doit pas se trouver sous l'eau, car sinon toutes sortes de remous se créeraient et ralentiraient immédiatement le bateau.

• *Au près par petit temps*, l'équipage s'avance au maximum. Il se sert des entrées d'eau plus fines des étraves, qui travaillent comme des plans anti-dérive. Le haut de l'étrave doit effleurer l'eau.

• *Au près avec du vent moyen*, il vaut mieux abattre en ouvrant légèrement la grand-voile. On cherche à garder une bonne vitesse tout en veillant au bon équilibre longitudinal de la coque sous le vent.

• *Au près dans la brise*, l'équipage est groupé au niveau du hauban au vent. Le chariot d'écoute est décentré et la chute tendue.

Au près dans un vent médium, barreur et équipier sont au rappel. La coque au vent affleure l'eau, la vitesse est maximale. (Ci-contre.)

Par petit temps, on centre et on avance les poids pour soulager l'arrière de la coque au vent et limiter ainsi sa surface mouillée, c'est-à-dire sous l'eau. (À droite.)

• *Au grand largue par petit temps*, maintenez le chariot plutôt centré pour vriller la grand-voile. L'équipier devra en revanche écarter à la main le point d'écoute de foc. On relance en lofant.

• *Au grand largue dans la brise*, décalez le chariot sous le vent en gardant la voile bordée. L'équipage se recule progressivement en fonction de l'état de la mer pour contrôler l'assiette du bateau. En cas d'enfournement, deux solutions existent. Soit on lofe sans border les voiles, puis on abat pour retrouver son cap initial – sur les Hobie Cat 16, qui ont un faible volume d'étrave, c'est le seul moyen d'éviter l'enfournement. Soit, avec des catamarans comme les Dart 18, qui ont une bonne réserve de flottabilité et des voiles à grand allongement, on peut abattre en choquant pour relofer en bordant. L'avantage est que l'on perd ainsi moins de vitesse.

Sur les catamarans équipés d'un double trapèze, le barreur doit monter au trapèze le premier et en descendre le dernier. (À gauche.)

Utiliser le filoir de foc
Comme les dériveurs, les catamarans sont pourvus de filoirs de foc. Ces derniers sont placés parallèlement à la poutre. Aussi, la position du filoir va permettre de réguler l'écoulement de l'air entre la grand-voile et le foc. Plus le vent est frais (fort), plus on met le filoir sur l'extérieur ; plus le vent mollit, plus on rentre le filoir sur l'intérieur. (À droite.)

Faire corps avec le bateau

Afin de mieux maîtriser l'équilibre longitudinal, c'est-à-dire l'assiette du bateau, un certain nombre d'entre eux – Hobie Cat, Tornado à une époque… – disposent de *foot-straps* (cale-pieds) pour l'équipier à l'arrière du barreur. C'est l'assurance de rester soudé au bateau, mais c'est aussi le risque de partir avec l'ensemble de l'embarcation en cas d'enfournement… et de se croiser les ligaments des genoux ou, plus rarement, de se casser la jambe. Une petite astuce permet de rester attaché tout en pouvant se détacher en temps utile : à l'arrière du bateau, placez un petit pontet (un arceau). Attachez-y un bout avec une petite poignée de trapèze, et un système de « rattrape-mou » (constitué d'un cordon élastique) du bout partant dans la poutre arrière. Quand vous reculerez, vous prendrez cette petite poignée qui vous permettra de vous tenir à l'arrière du bateau grâce à un deuxième bout. C'est une sécurité qui offre plus de liberté qu'un *strap* et la possibilité de réagir quasi immédiatement à l'éventuel enfournement du bateau à pleine vitesse. C'est aussi l'opportunité de rentrer plus vite dans le cata en cas de besoin. Par exemple, si un bateau passe au vent et qu'il n'y a plus de vent pour vous, vous rentrez plus facilement avec cette astuce qu'avec des *straps* aux pieds.

Le barber de spi

Le *barber* de spi n'est pas une spécificité de la navigation en catamaran : il est possible et conseillé d'en installer aussi sur des monocoques. Un *barber* est un point de tire pour spi. Il est constitué d'un bout sur lequel est fixée une poulie dans laquelle passe l'écoute de spi. L'actionner permet de modifier l'angle de traction de l'écoute. Lorsqu'on borde un *barber*, on tire sur le bout pour abaisser l'angle de traction de l'écoute, et cela a pour effet de tendre la chute et de détendre la bordure en la creusant. En fait, si on veut une chute tendue avec un spi creux, on « prend du *barber* » ; si on veut une chute ouverte et un spi plus plat, on ne « prend » pas de *barber*. On se sert donc du *barber* en fonction de l'allure à laquelle on navigue, de l'état de la mer et de la force du vent.

Prendre de la quête sous spi

Le spi, par la surface de voile supplémentaire qu'il apporte, déplace le « centre de voilure » sur l'avant. En clair, le catamaran a alors une forte tendance à abattre. Cette situation peut s'avérer dangereuse lorsqu'on navigue en double sous trapèze. Le bateau peut entraîner les deux équipiers vers l'avant et leur faire découvrir leur

premier grand « soleil » autour de l'étai, provoquant bien sûr un dessalage immédiat… Pour compenser cette tendance, il faut prendre un maximum de quête arrière pour le mât. Or la seule chose qui permet de tenir le mât, c'est la chute de grand-voile, ou plutôt la tension de cette chute, qui joue le rôle du « pataras » d'un quillard. On borde donc la grand-voile à fond, on descend le chariot de grand-voile et on se concentre sur la barre. Si le bateau se met à gîter exagérément, il faut choquer le spi avant la grand-voile – si on choque la grand-voile en premier, le mât perd sa quête arrière et subit de gros efforts sous la poussée du spi qui peuvent le vriller ou le « flamber », voire le faire tomber.

Au portant, l'équipier doit toujours garder l'écoute du spi à la main, prêt à choquer en cas de gîte trop importante.

1152

7

Régates et raids

Les régates

La compétition en voile, appelée plus communément régate, a comme beaucoup de ses consœurs un but simple et unique : aller plus vite que les autres. Les régates s'effectuent le plus souvent sur des plans d'eau fermés ou abrités, rarement en mer. Il existe plusieurs niveaux de régates.

La régate entre copains

Des régates toutes simples et informelles sont souvent organisées par un groupe d'amis ou de passionnés d'un même type de bateau. Cela prend la forme de concentrations de bateaux, à la manière des amoureux des Harley Davidson. Dans ce cas, il n'est pas besoin d'utiliser un parcours de bouées. On prend les départs à qui mieux mieux et on s'en va virer autour d'un bateau immobile ou de tout autre obstacle. Déjà, vous connaîtrez les premières sensations des vraies régates. Vous aurez l'impression de réaliser des réglages et des manœuvres parfaites juste pour le plaisir d'arriver le premier et de vous faire offrir la tournée. C'est aussi l'occasion de vous tester, et surtout de tester votre bateau.

Les régates de club

Les régates peuvent aussi être organisées au sein même d'un club, entre tous les adhérents. Plus officielles que les régates

Départ de régate en dériveurs nouvelle génération et en catamaran : le but est de trouver le vent le moins perturbé, donc de se dégager le plus rapidement possible de la flotte tout en gardant un œil sur ses principaux adversaires et sur l'évolution du plan d'eau (risées, etc.).

entre copains, elles permettent de détecter les navigateurs les plus talentueux du club et de les pousser vers des compétitions d'ordre régional, national, européen, etc. Ces régates conservent cependant un côté amical et sont l'occasion pour tout un chacun de faire valoir les performances de son bateau et de s'entraîner.

Les régates par catégorie de bateau

Les régates entre clubs, régions ou pays, voire olympiques, prennent un caractère plus sérieux et les enjeux peuvent engager une nation entière. On classe alors les bateaux en catégories afin de les faire concourir ensemble, pour assurer l'équité des compétitions. Ces régates sont importantes pour les équipages sponsorisés, car le renouvellement de leur matériel dépendra de leur classement en fin de saison. Certains deviendront même professionnels.

Un 420 ne courra pas dans la même catégorie qu'un Laser 4000. Il existe aussi des régates monotypes où tous les bateaux sont identiques, tant dans leur poids que dans leur surface de voile, leur jauge ou leur nombre d'équipiers. C'est le cas pour les 49er, les Hobie Cat 16 ou les Dart 18.

Les grandes règles des régates

Un certain nombre de règles valent pour toutes les régates. Par exemple, il est interdit d'utiliser une rame ou un aviron. Il est en revanche permis de se servir d'une ancre ou d'une ligne de sonde pour mesurer la profondeur de l'eau. La réglementation des régates est régie par des textes longs et complexes évoquant tous les cas de figure. Il est difficile ici d'en faire un résumé même partiel. Vous pouvez vous procurer ces documents auprès de votre club ou de la Fédération française de voile. Si la régate vous passionne, apprenez un maximum de règles ; le reste viendra avec la pratique.

Il existe plusieurs types de dessins de parcours. Le triangle olympique est composé de trois bouées autour desquelles il faut tourner. Avec les parcours dits « en banane », avec deux bouées, il s'agit de faire un aller-retour de l'une à l'autre en virant à chaque bouée.

Se préparer à une régate

Voici quelques conseils pour vous assurer une bonne place à l'arrivée. Avant la régate, essayez de naviguer sur la zone de compétition afin de prendre connaissance de la direction, de la force et des variations du vent. Notez sur quels tronçons vous êtes le plus rapide et le plus lent. Repérez aussi la direction des courants et les zones de courants forts et faibles. Soyez en place près de la ligne un quart d'heure avant le départ. Avec l'expérience, votre flair et votre sens de l'observation vous indiqueront certainement les meilleures options à prendre. Dans le flou, n'hésitez pas à prendre en chasse le leader afin de copier sa stratégie de course. Dans le cas où vous ne connaîtriez pas la zone de navigation, suivez plutôt les bateaux du club naviguant régulièrement dans les parages…

Enrouler la bouée pour perdre le moins de temps possible, tout en prenant garde de ne pas la toucher sous peine d'être pénalisé et de devoir en refaire le tour (ci-contre) ; empanner et envoyer le spi dans la foulée pour rester au contact de la flotte ou profiter d'une risée (à droite)… La régate est un exercice de haute voltige qu'il faut pratiquer avec réflexion et assiduité.

Ces 49er viennent de virer la bouée au vent et descendent sous spi vers la marque sous le vent, qu'ils atteindront après plusieurs empannages. (Double page suivante.)

SN BAIE DE ST MALO
SAINT MALO
LES PRODUITS LAITIERS
LES PRODUITS LAITIERS
SPIRIT OF THE OCEAN
Marinepool
SPIRIT OF THE OCEAN
Marinepool
S PURES

PIEMONTE
109

Les raids sont les formes de compétition les plus répandues en catamaran. Leur durée varie de un à plusieurs jours – on ne dort pas la nuit sur le bateau, mais des étapes jalonnent le parcours. Certaines étapes peuvent aller jusqu'à 80 milles sur une seule journée…

Partir à la découverte de rivages inconnus, dormir à la belle étoile, s'arrêter pour plonger dans une eau turquoise ou pour discuter avec des pêcheurs croisés au large… Le raid côtier est une expérience unique et enrichissante. Mais il ne faut pas se surestimer et il vaut mieux faire appel à des professionnels pour organiser sa première aventure…

La convivialité avant tout

De mars à septembre-octobre, des raids sont organisés partout en France sous l'égide de la Fédération française de voile, et bien sûr dans nos pays voisins. Leur succès est tel qu'il n'est pas rare de voir quatre mille participants à un raid jouissant d'une bonne notoriété. Il faut dire que leur principe est incroyablement convivial : la victoire compte moins qu'une bonne promenade et que la fierté de dire qu'on y était. C'est un peu comme le Marathon de Paris : ils ne sont qu'une poignée à jouer pour la « gagne »; le reste, le gros des troupes, est là pour prendre du bon temps et participer avant tout. Néanmoins, les conditions météo associées à la pertinence de vos réglages peuvent vous permettre d'accéder à une bonne place… Les classements se font généralement « au scratch » (tous bateaux confondus), puis au cas par cas en fonction des jauges et/ou du temps compensé. Il est possible qu'un Hobie Cat arrivé quarante minutes après vous se retrouve devant vous au classement final d'une compétition jugée en temps compensé, alors que vous avez presque fini de rincer votre bateau au moment de son arrivée!…

Ne pas sous-estimer son endurance

Passé le moment de déception ou de joie du classement, il vous restera le souvenir visuel d'avoir traversé un coin agréable. Souvent, les raids sont une occasion unique de découvrir de nouveaux plans d'eau, de connaître de nouvelles conditions de navigation et d'évoluer dans des paysages qui resteront gravés dans votre mémoire. Ils sont aussi, et c'est ce qui fait leur charme, une opportunité conviviale de s'échapper en couple ou de naviguer pour des raisons aussi savoureuses que celle de savoir qu'à l'arrivée vous attend une dégustation gastronomique locale ou une nuit à la belle étoile sur une plage déserte. Les raids thématiques de ce genre sont une aubaine pour le commerce local et un moyen supplémentaire pour le navigateur d'optimiser ses réglages pour aller encore plus vite…

Paradoxalement, ce type de compétition reste un sport qui nécessite endurance et volonté. Car on n'a pas le choix : à l'usure physique s'ajoute le fait qu'une fois parti, on a l'obligation d'aller au bout. Et lorsque l'on songe à faire demi-tour quand survient une grosse fatigue, il est bien souvent trop tard, le point de départ étant au moins aussi éloigné que celui d'arrivée…

7471
5139
Dart18 Stiletto

8

Carnet de bord

Le langage des « voileux »

Abattre. Éloigner le bateau du sens du vent. Il suffit pour cela que le barreur laisse filer l'écoute de grand-voile et pousse la barre au vent.
Accastillage. Ce sont tous les accessoires dont on a besoin sur un bateau (manilles, mousquetons, etc.). C'est l'ensemble des ferrures qui composent un bateau.
Affaler. Faire descendre la voile pour ralentir le bateau (en vue d'une arrivée au port par exemple).
Air. Petite brise.
Alizés. Vents bien connu sur certaines îles, qui soufflent régulièrement du secteur est pendant la majeure partie de l'année.
Allure. Terme qui englobe les différentes façons d'orienter le bateau en fonction de la direction du vent (près, largue, etc.).
Amure. C'est le côté du bateau frappé en premier par le vent.
Angle de dérive. C'est l'angle entre l'axe du bateau sur la mer et la direction effective de son cap.
Armer. Armer son bateau consiste à le mettre en état de marche avant de le mettre à l'eau. L'armement peut aussi comprendre la nourriture que l'on doit éventuellement emporter, etc.
Arrière. C'est la partie du bateau qui supporte le safran. On l'appelle aussi le tableau.
Assiette. C'est l'équilibre longitudinal du bateau sur l'eau.
Au vent. Être au vent, c'est se trouver du côté d'où vient le vent.

Bâbord. C'est tout ce qui se trouve à gauche de l'axe du bateau.
Barre. C'est le « volant » du bateau. La barre permet d'orienter le gouvernail et de donner une direction à l'embarcation. Barrer un bateau consiste donc à le diriger, et celui qui effectue cette mission s'appelle bien évidemment le barreur.
Barres de flèche. Petits bras de métal qui éloignent les haubans du mât. Elles permettent de rigidifier le mât.
Border. Tirer l'écoute dans l'intention d'orienter la voile plus perpendiculairement par rapport au lit du vent.
Bout. Cordage, qui est toujours utile à quelque chose dans un bateau.
Bout au vent. Bateau situé face au vent.
Brassière. Gilet de sauvetage.

Câbles. Fils métalliques qui composent le gréement.
Cap. Direction que vise le navigateur par rapport à l'avant du bateau.
Chavirage. Le bateau se couche et prend l'eau. On dit aussi dessalage.
Choquer. C'est le contraire de border. Il s'agit de lâcher l'écoute pour rendre moins perpendiculaire la voile par rapport à l'axe de vent.
Chute. C'est le bord de la voile allant de la tête de mât jusqu'au point d'écoute.
Clapot. Agitation désordonnée de la mer.
Cockpit. C'est la partie creusée de la coque sur laquelle s'installent les équipiers du dériveur.
Coefficients de marée. Bien connaître les coefficients de marée peut vous éviter quelques désagréments, notamment en Bretagne où les abers peuvent se vider en deux heures et vous empêcher de rentrer à bon port.

Coffre. Petit rangement creusé dans la coque.
Coque. C'est la partie moulée qui compose l'ossature du bateau.
Cordages. Les cordages relient entre autres les éléments du gréement et permettent au barreur d'orienter le bateau.
Courants. Déplacements d'une masse d'eau importante d'un endroit à un autre.
Coutures. Les coutures sont les garantes de la santé de la voile tant qu'elles ne vieillissent pas. Il faut les surveiller comme du lait sur le feu après chaque sortie.
Creux. Espace entre deux vagues ou partie creuse d'un fort clapot.
Cunningham. Double point d'amure qui permet d'influer sur le creux de la voile.

Débarquement. Ce n'est pas seulement le fait de débarquer. Cela peut aussi consister à ramener à terre un équipier indésirable…
Dégréer. Enlever tous les éléments qui composent le bateau et/ou le mât et/ou la voile.
Démaniller. Défaire une pièce de l'accastillage fixée par une manille.

Démâter. Enlever le mât (avant d'hiverner le bateau par exemple), ou le casser…
Dérive. C'est l'aileron mobile qui permet au bateau de garder son axe par rapport à la dérive naturelle qu'impose la mer. Sans dérives, on dérive !… c'est-à-dire qu'on perd l'axe que l'on s'est fixé.
Désarmer. Enlever tout ce qui traîne sur le bateau, des éléments vitaux jusqu'au moindre accessoire. En fin de saison, on en profite généralement pour vérifier l'état du bateau et réaliser les éventuelles réparations.
Dessaler. Chavirer.
Déventer. C'est le fait de ne pas profiter, intentionnellement ou non, des effets du vent, soit parce qu'on se trouve dans une zone dont les reliefs coupent le vent, soit parce qu'on a décidé d'abattre beaucoup.
Drisses. Ensemble des cordages permettant de hisser et d'affaler les voiles.

Échouage. Mise à sec volontaire d'un bateau. On échoue un bateau dans le but d'une réparation par exemple.
Échouement. Mise à sec involontaire d'un bateau. On s'échoue sur une côte.
Écope. Ustensile servant à enlever l'eau rentrée dans le bateau.
Écoutes. C'est l'ensemble des cordages permettant de régler la voile par rapport à l'axe du vent.
Émerillon. Pièce qui permet notamment aux manilles et aux poulies de tourner sur elles-mêmes.
Empanner. Par vent arrière, faire passer la bôme d'un côté ou de l'autre. Attention de bien se baisser à ce moment précis. Certains empannages sont involontaires et peuvent dangereusement abîmer le gréement dans certaines conditions de vent.
Encalminé. Le bateau, pris dans une « pétole » (un vent nul), n'avance plus.
Enfourner. Plonger involontairement la partie avant du bateau dans l'eau. C'est un coup de frein immédiat…
Envoyer. Effectuer une manœuvre sur le bateau. On envoie le spi.
Épissoir. Ustensile qui permet de joindre deux cordages entre eux en réalisant une épissure.
Équipage. Il se compose du barreur et du ou des équipiers.
Équiper. Apporter tout le matériel qui permettra d'armer le bateau.
Estime. Navigation basée sur l'observation. Naviguer à l'estime.
Étai. Câble métallique reliant l'avant du bateau à la tête de mât et le soutenant verticalement.
Étarquer. Raidir une manœuvre à fond.
Étrave. Partie avant du bateau.

Faseyer. Se dit lorsqu'une voile « bave » un peu. Trop près du vent, elle ondule au lieu de se remplir.
Fatiguer. Faire subir au bateau ou au matériel un trop grand effort, au point de risquer de casser quelque chose.
Ferrures. Toutes les pièces de l'accastillage qui sont en métal.
Filer. Glisser sur l'eau sans problèmes. Le terme de *planing* est apparu récemment pour la planche à voile, les dériveurs et les catamarans.

Force. Unité de mesure du vent. Chaque force correspond à une fourchette de kilométrage/heure.
- Force 0 : moins de 1 km/h (calme).
- Force 1 : 2-6 km/h (très légère brise).
- Force 2 : 7-12 km/h (légère brise).
- Force 3 : 13-18 km/h (petite brise).
- Force 4 : 19-26 km/h (jolie brise).
- Force 5 : 27-35 km/h (bonne brise).
- Force 6 : 36-45 km/h (bon frais).
- Force 7 : 46-60 km/h (grand frais).
- Force 8 : 60-75 km/h (petit coup de vent).
- Force 9 : 76-85 km/h (coup de vent).
- Force 10 : 85-105 km/h (fort coup de vent).
- Force 11 : 106-115 km/h (tempête).
- Force 12 : plus de 115 km/h (ouragan).

Foc. C'est la voile triangulaire à l'avant du bateau. Le foc permet une meilleure répartition du vent dans les voiles quand celles-ci ont tendance à faire lofer le bateau.
Forcir. Se dit du vent lorsqu'il commence à souffler un peu plus fort en cours de navigation.
Frais. Vent fort.
Fusée. L'extrémité du mât.

Gîte. Mouvements intempestifs de bascule sur un côté dus à l'instabilité du bateau.
Godiller. Aller à la godille consiste à faire avancer le bateau à la seule force de la rame placée à l'arrière.
Gousset. Étui placé dans la voile et dans lequel vient s'engouffrer une latte.
Gouvernail. C'est l'ensemble du matériel qui sert à donner sa direction au bateau (barre, stick, safrans…).
Grain. Fort coup de vent brutal mais passager.
Grand-voile. C'est la plus grande voile du bateau, qui est fixée au mât et à la bôme.
Gréement. C'est l'ensemble des structures sur lesquelles viennent s'adapter les voiles.
Gréer. Préparer son bateau avant la mise à l'eau.
Guindant. Partie de la voile qui va du point de drisse au point d'amure.

Hale-bas. Le hale-bas est un palan reliant le pied de mât à la bôme, à peu près au tiers de sa longueur. Il sert à tirer la grand-voile et la bôme vers le bas.
Hauban. Câbles qui étaient le mât en exerçant des efforts horizontaux et verticaux.
Haubanage. Tous les câbles qui soutiennent et rigidifient le mât. Ces câbles métalliques, d'apparence fine et fragile, lui confèrent pourtant une solidité et une résistance extraordinaires.
Hisser. Lever ou monter quelque chose en tirant sur un câble.
Hivernage. Désarmement du bateau et mise sous abri pendant l'hiver.

Jauge. C'est l'ensemble des données techniques d'un bateau, qui lui permettent d'être classé dans une catégorie distincte et de se mesurer à forces égales aux autres bateaux en compétition.

Ketch. Voilier à deux mâts de hauteur inégale (celui à l'avant du bateau est plus grand).

Laize. L'ensemble des pièces de tissu qui forment la voile.
Largue. Allure en général idéale, correspondant à un vent oblique par rapport à l'axe longitudinal du bateau. Le largue impose à l'équipage d'ouvrir les voiles par rapport à l'axe de navigation. Sous cette allure, le bateau ne gîte pas.
Lattes. Baguettes rentrées dans les goussets d'une voile pour la rigidifier.
Lit du courant, du vent. C'est l'endroit où ils donnent leur pleine mesure.
Lofer. Rejoindre ou se rapprocher du lit du vent en changeant de cap.
Louvoyer. Tirer des bords pour atteindre un but que ne permet pas la navigation en ligne droite.

Mal de mer. Ne pas l'avouer aux autres, c'est gâcher la journée de tout le monde, à commencer par la vôtre. Des médicaments efficaces existent. Des patchs ont été créés il y a peu, qui se placent derrière l'oreille.
Manille. Pièce en métal en forme de U sertie d'une tige filetée, permettant de fixer beaucoup d'éléments sur un bateau (la drisse de grand-voile au point de drisse, etc.).
Manœuvrer. Effectuer toutes sortes de modifications en cours de navigation.
Mât. Il a pour fonction principale de supporter la voilure. Il peut être rigide, léger, solide ou flexible. Son maintien vertical ou en compression est assuré par le haubanage.
Matelotage. C'est l'art d'effectuer les nœuds marins.
Mer. Simple terrain de jeu pour les uns, déifiée par d'autres, elle se doit d'être respectée.
Météorologie. La première de vos préoccupations avant de sortir en mer.
Mille marin, ou nautique. 1 852 mètres.
Misaine. Le petit mât sur l'arrière d'un ketch.
Mollir. Vent qui s'éteint petit à petit.
Mou. Donner du mou consiste à lâcher un peu plus une voile.
Mouillage. Immobiliser le bateau lorsqu'il est sur l'eau.
Mousquetons. Pièces en métal à clipets permettant de fixer rapidement les cordages.

Nez. Pointe avant du bateau.
Nœud. Cordage entrelacé ou unité de mesure de vitesse (du vent ou du bateau).

Œuvres mortes. Ce sont les parties émergées de la coque.
Œuvres vives. Ce sont les parties immergées de la coque.
Orienter les voiles. Leur donner un angle tel qu'elles optimisent la poussée du vent.

Panne. Manœuvre consistant à faire du surplace (avant le départ d'une régate par exemple) en annulant la poussée d'une voile par la poussée contraire d'une autre.
Planing. Augmenter la vitesse du bateau en filant sur l'eau, en glissant littéralement.
Point d'amure. Point de fixation de la voile au mât, en bas de la voile.
Point d'écoute. Rencontre entre la voile et l'écoute, à l'angle arrière de la voile.
Point de drisse. Le point de drisse soutient les drisses, qui permettent de hisser et d'affaler la voile. Il est placé à l'angle supérieur de la voile.
Près. Faire en sorte que les voiles soient les plus perpendiculaires possible au lit du vent.
Puits de dérive. Petite enclave dans la coque qui permet le passage de la dérive.

Quête. C'est la distance entre la tête de mât et le tableau. Se dit pour décrire un mât que l'on fait pencher vers l'arrière.
Quille. Pièce la plus importante de la coque, dont le but principal est d'empêcher la dérive du bateau.

Raidir. Vent qui devient de plus en plus fort.
Ralingue. Protection supplémentaire cousue le long d'une voile.
Rappel. Technique permettant de rétablir l'assiette latérale du bateau grâce au contrepoids des équipiers suspendus aux câbles de rappel. Le navigateur se mettant en position de rappel sort du bateau (seuls ses pieds restent en contact avec la coque), son poids venant rééquilibrer la gîte.
Régler. Effectuer tout réglage qui permette au bateau de donner le maximum de ses capacités.
Remonter. Naviguer contre le vent (remonter au vent) ou contre un courant.
Renverse. Changement brutal d'orientation du vent.
Ridoirs. Pièces métalliques permettant de régler la tension des haubans.
Ris. Réduire la surface de voile.
Risée. Coup de vent plus fort que le vent déjà établi.

Safran. C'est la partie plate du gouvernail, qui est actionnée par la barre pour diriger le bateau.
Sangles de rappel. Permettent au navigateur de rester accroché à son embarcation lors du rappel.
Sloop. Se dit d'un bateau qui ne comprend qu'un seul mât.
Sous le vent. Être du côté où va le vent.
Spi. Diminutif de spinnaker. Voile triangulaire très légère placée à l'avant du bateau pour soutenir des allures au portant.
Surtoilé. Bateau dont la surface de voile est trop importante par rapport au vent.

Tableau. C'est la partie arrière du bateau, qui supporte le safran.
Trapèze. Gréement sur un catamaran ou sur un dériveur qui permet de se mettre au rappel.
Tribord. C'est tout ce qui se trouve à droite de l'axe du bateau.

Virer de bord. Changer de cap.
Voile. C'est la toile qui, en prenant la force du vent, fait avancer le bateau.
Voilure. Ensemble des voiles.

Les compétitions de dériveurs

Les compétitions de dériveurs de haut niveau sont souvent le meilleur moyen, à défaut de participer, d'observer et d'apprendre au contact des spécialistes du genre. Un petit réglage par-ci, un choix de matériel particulier par-là sont autant d'astuces que vous aurez l'opportunité de rajouter à votre bagage technique. Chaque année, les dates peuvent varier, ainsi que les lieux d'organisation. Nous vous recommandons donc de vous renseigner auprès de la Fédération française de voile, qui tient à jour un petit carnet fortement documenté sur le planning des compétitions.
La liste des compétitions et raids les plus accessibles prendrait une cinquantaine de pages. Reportez-vous donc aux ligues régionales dont la Fédération française de voile vous donnera les coordonnées, ou aux associations d'amateurs ou de propriétaires citées plus loin.

Fédération française de voile
55, avenue Kléber
75784 Paris Cedex 16
Tél. : 01 44 05 81 00
Fax : 01 47 04 90 12
3615 code FFV (2,23 F/min)

Les raids et safaris en catamaran

Le principe des safaris est d'autant plus séduisant qu'aucun autre résultat que celui de vous faire plaisir ne rentre en considération. Il est donc un formidable vecteur de découverte et s'exporte partout dans le monde, de destinations féeriques en mers de légende. Des spécialistes de ce genre de prestations s'occupent de tout, de votre départ de France à votre arrivée sur les lieux de vos exploits, et proposent des séjours idylliques en toute sécurité tout autour de la planète. En voici quelques exemples, proposés par Hobie Cat Aventures et Sport Away Voyages :

• *La Rochelle*. Safari en Hobie Cat Pacific vers les îles de Ré, d'Aix et d'Oléron le temps d'un week-end ou d'une semaine pour explorer les pertuis et leurs grandes plages bordées de pins. Du 1er avril au 15 octobre.
• *Morbihan*. Au départ de l'île d'Artz, un raid dans le dédale des îles du Golfe avant de s'élancer vers les îles de Houat-Hoëdic et Belle-Île, pour une itinérance d'une semaine ou d'un week-end. Du 1er mai au 30 juillet.
• *Tour de Bretagne*. Une véritable odyssée pour ceux qui souhaitent tracer un sillage en One Way et découvrir ce fabuleux terrain nautique réparti en six thèmes : la côte de Granit rose, la côte des Légendes et des Abers, les grands caps et la Cornouaille, les Rias et les Glénans, les îles du Ponant, et la descente atlantique de Vannes à La Rochelle. Du 1er août au 15 septembre.
• *Les calanques de Marseille*. Itinérance entre Cassis et Marseille. Du 15 septembre au 7 octobre.
• *Croatie*. Le pays accueille de nouveau les visiteurs sur une côte superbe et particulièrement adaptée aux itinérances en Hobie. Poussés par le yugo, vous traverserez le dédale des îles du parc national des Kornati. Du 1er août au 15 septembre.

• *Guadeloupe*. Promenades dans des eaux turquoise, d'îlot en îlot... De janvier à avril.
• *République dominicaine*. La péninsule de Samana et son ancien repaire de corsaires vous feront basculer dans un autre monde. De janvier à avril.
• *Suède*. Au milieu de 26 000 îles, sur une eau qui frise les 19 °C, découvrez une nature préservée sous la lumière du Grand Nord (20 heures de jour...). Du 20 juin au 30 juillet.
• *Thaïlande*. Dix jours de rêve en mer de Siam, sur la côte est, entre plages de sable blanc et eaux cristallines. De décembre à mars.
• *Turquie*. À la découverte de la côte lycienne et du souffle du meltem. Du 1er mai au 30 septembre.
• *Vietnam*. Protégés de la houle de la mer de Chine par la péninsule de Van Hinl, vous pourrez naviguer dans l'archipel paradisiaque de Ang Ong. De décembre à avril.

Hobie Cat Aventures
Esplanade Saint-Jean-d'Acre
17000 La Rochelle
Tél. : 05 46 50 55 84
Fax : 05 46 50 55 84

Sport Away Voyages
BP 109 - 13321 Marseille Cedex 16
Tél. : 0803 01 3000
Fax : 04 91 46 79 66
Minitel : 3615 Sport Away
E-mail : hobie@sport-away.com
Site Internet : www.sport-away.com

Carnet d'adresses

Les écoles de voile

Les écoles de voile sont présentes en nombre sur l'ensemble des côtes françaises. Vous pouvez donc choisir votre base de prédilection selon votre lieu d'habitation ou votre destination de vacances. Il aurait fallu un livre entier pour noter toutes leurs coordonnées. Nous vous invitons donc à rentrer en relation avec la Fédération française de voile, qui vous mettra directement en contact avec la base de votre choix.

Fédération française de voile
55, avenue Kléber
75784 Paris Cedex 16
Tél. : 01 44 05 81 00

Les associations

Association de Classe Star
4, parc de la Bérengère
92210 Saint-Cloud
Tél. : 01 46 02 26 79

Association des 5O5
56, avenue des Vergers
92340 Bourg-la-Reine
Tél. : 01 46 64 16 05

Association des Finn
8, rue Malherbe
69330 Meyzieu
Tél. : 04 78 04 05 49

Association des Laser 4 000 et 5 000
Esplanade Jean-Baumel
34280 La Grande-Motte
Tél. : 04 67 56 29 21

Association des propriétaires de Dragon
10, boulevard des Sablons
92200 Neuilly
Tél. : 01 40 12 94 93

Association française de Flying Dutchman
BP 25
83401 Hyères Cedex
Tél. : 04 94 57 74 63

Association française de Hobie Cat
9, rue de Chantilly
75009 Paris
Tél. : 01 42 82 08 62

Association française des 470
7, rue des Fleurs
91600 Savigny-sur-Orge
Tél. : 01 69 05 33 81

Association française des multicoques Tornado
10-12, rue de Chartres
92300 Neuilly-sur-Seine
Tél. : 01 46 37 39 36

Association France Laser
27 bis, rue du Général-Bertrand
75007 Paris
Tél. : 01 47 83 55 90

Association Vaurien
68, rue Cousin-de-Méricourt
94230 Cachan
Tél. : 01 47 40 13 65

Les Glénans
• Rue Alfred-Le-Ray - BP 504
29185 Concarneau Cedex
• Quai Louis-Blériot
75781 Paris Cedex 16
Tél. : 01 53 92 86 00

Promotion Optimist
51, rue Mestrezat
33000 Bordeaux
Tél. : 05 56 24 65 45

Union des pratiquants de 420
31, rue du Bon-Repos
49000 Angers
Tél. : 02 41 88 50 05

Les principaux constructeurs

ADH Inotec (*Diam...*)
ZAC de Troyalac'h
29170 Saint-Évarzec
Tél. : 02 98 51 42 45

Alado Cat (*gamme Alado...*)
13, rue Jean-Bart
56410 Étel
Tél. : 02 97 55 39 94

BFL France - Mattia (*gamme Mattia...*)
BP 425 - ZA des Minimes
17012 La Rochelle Cedex
Tél. : 05 46 44 69 86

Boatique Diffusion (*420, 470, Finn, Lynx, Fireball...*)
26, rue du Colonel-Gillon
92120 Montrouge
Tél. : 01 46 57 33 06

Boutemy (*Europe, Équipe, 420, 470...*)
ZI - 17540 Saint-Sauveur-d'Aunis
Tél. : 05 46 01 90 32

France Catamarans (*Dart...*)
41, rue Bécheline
16000 Angoulême
Tél. : 05 45 92 15 65

Hobie Cat Europe (*gamme Hobie Cat...*)
Rue du Docteur-Calmette - ZI
Toulon Est - 83088 Toulon Cedex
Tél. : 04 94 08 78 78

Mystère Catamarans Europe (*gamme Mystère, Cobra...*)
BP 245 - ZA Port des Minimes
17012 La Rochelle Cedex
Tél. : 05 46 44 69 86

Nautivella - Optim'Azur (*420...*)
55, avenue Jules-Grec
06600 Antibes
Tél. : 04 93 74 30 50

New Marine (*NewBat, gamme New Cat...*)
Rue Kerandré - BP 96
56703 Hennebont Cedex
Tél. : 02 97 36 14 21

Performance Catamarans - D Puissance 5 (*gamme Nacra, Inter 18...*)
Chantier naval du Grand-Val
35870 Le Minhic-sur-Rance
Tél. : 02 99 88 55 07

Performance Sail Craft - Surf Experience (*gamme Laser...*)
Les Essart
69400 Pouilly-le-Monial
Tél. : 04 74 03 87 59

Philéas (*Philéas, Déclic...*)
ZA de Soumard
17450 Fouras
Tél. : 05 46 84 49 78

Plastimer (*Twin...*)
Terre-Plein du port de Saint-Guénolé - 29760 Penmarc'h
Tél. : 02 98 58 52 36

Race'n Sail (*gamme KL...*)
ZA de Kerran
56470 Saint-Philibert
Tél. : 02 97 30 01 00

Racing Sailboats - Praxis Sarl (*49er...*)
8, route de Nielles
62185 Saint-Triat
Tél. : 03 21 85 34 16

Technomare (*Swail...*)
Massetan
40390 Sainte-Marie-de-Gosse
Tél. : 05 59 56 91 59

Topcat (*gamme Topcat...*)
15 bis, rue Alexandre-Arnaud,
44120 Vertou
Tél. : 02 40 03 15 84

Topper International - CAEV (*Spice, Iso, Boss, Buzz...*)
BP 76 - ZA 2 - 40130 Capbreton
Tél. : 05 58 72 08 47

Remerciements

Les auteurs tiennent à remercier l'École française de voile et plus particulièrement le Club nautique d'Antibes, ses responsables et leurs adhérents, sans oublier le dynamique et très sympathique Cercle de la Voile de Bordeaux, son président Claude Richard et Jérôme Richard, sans qui ce livre n'aurait pu être réalisé. Merci aussi à Éric Proust, de Mystère Catamarans Europe, pour sa disponibilité et son professionnalisme... Merci encore à Denis Frabel, pour sa gentille préface, à Jean-Philippe Rochereau, du club de voile de Claouey, et à Maurice Eisenblater.

Crédits photographiques

Toutes les photographies sont de Pierrick Garenne sauf :
4e de couverture et pages 17, 105, 138 et 139, Hobie Cat Aventures ;
pages 59, 60 et 61, documents Helly-Hansen ; pages 62 et 63, documents Wichard.

Achevé d'imprimer en avril 1999
Imprimé en Italie par Milanostampa
Photogravure Sele Offset, Torino-Paris

Déôt légal : 4961 - avril 1999
ISBN : 2.85120.529.3
65/0789/1 - 01